大阪・空堀
こんぶ土居

土居家のレシピと昆布の話

はじめに

私は昆布屋の息子として生まれましたから、昆布なんかありふれたもので、何の新鮮味も感じずに育ってきました。父の後を継いで昆布屋の仕事をしていますが、特に昆布が好きだったわけでもありません。真面目に取り組んできた父親の仕事を途絶えさせるのも忍びないと思っただけです。しかし、日々の仕事を続けていくうちに気づかされました。どうやら昆布ってすごいんです。

昆布は最近では世界から注目されています。十年ほど前、フランスの料理人ドミニク・コルビ（＊注）さんの案内で、パリのミシュラン三ツ星のシェフが昆布の勉強に来られた時にはたいそう驚きましたが、今ではめずらしいことでもなくなってきました。私も若い頃は海外の文化に強い憧れを感じ、外国から様々なことを学んできましたが、学ぶばかりでは悔しいものです。伝える側になれた幸せと、自分達にしか無い独自の魅力を磨くことの大切さを感じます。

日本人にとって、昆布は馴染みが深いようでありながら、あまり理解されていない側面もあります。本書では、昆布や食について私共が日々考えていることをお伝えするのと併せて、こんぶ土居のこれまでの歩みや、楽しいレシピも掲載しています。私と両親とが、それぞれの思いを込めて、それぞれに書き記した土居家の合作本です。心に響く本物の味を感じていただけるように努めました。なるべく化学調味料を使わないでください。良い出しを使った料理が並べば、それだけで日常は豊かになります。まずは美味しい味噌汁とご飯を用意するところから。身近でありながら気づかなかった、新しい昆布の魅力を感じていただけると嬉しく思います。

こんぶ土居　四代目　土居純一

＊注…15歳で料理の道に入り、91年「ラ・トゥールダルジャン」パリ本店副料理長に就任。94年に来日、「ラ・トゥールダルジャン東京店」でエグゼクティブシェフ、02年から10年5月までホテルニューオータニ大阪「サクラ」総料理長を務める。東京、フランスを始め、精力的に活動する傍ら、日本文化への深い理解も示しているフランス人。パリ生まれ。

大阪・空堀 こんぶ土居

土居家のレシピと昆布の話【目次】

本書の見方

掲載した料理を調理するにあたり、使用した調味料は以下の通りです。安全で品質の良い調味料をお使いいただくと、とても美味しく出来上がると思います。良心的なメーカーはたくさん存在します。必ずしも以下のものを使わなければいけないわけではありませんが、是非良いものを探してください。調味料の選び方については、こんぶ土居ホームページの「原材料について」でもご紹介しています。
http://www.konbudoi.info/

（一例）

砂糖…和三盆糖、北海道てんさい糖
塩…国内海水を天日乾燥させたもの
醤油…原材料が丸大豆、小麦、塩のもの
味噌…原材料が、大豆、麹（麦・米など）、塩のもの
酒…原材料が、米、米麹のもの
みりん…原材料がもち米・米麹米焼酎（乙類）のもの
（上記の原材料は国産がのぞましい）
油…圧搾法によるもの

十倍出し

こんぶ土居の商品。昆布と鰹節と塩のみを原料として作った、10倍に薄めて使える出し。本格と標準とグレードの違う2種類があります。

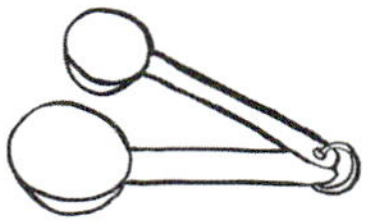

分量のめやす

小さじ1 ＝ 5cc
大さじ1 ＝ 15cc
カップ1 ＝ 200cc
一 合 ＝ 180cc

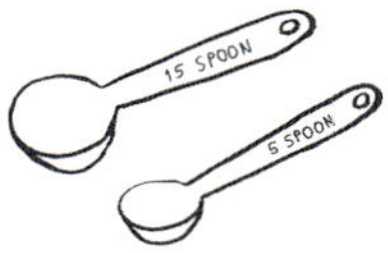

＊計量の単位は、すべて、すりきりで計った量です。

＊オーブンそのほかの調理器具は、メーカーの説明書をご覧の上、正しくお使いください。

まずは知っておきたい 昆布のあれこれ

日本人に与えられた海からの大いなる恵み

交通手段の発達や情報化によって世界は小さくなりました。グローバル化が進む今こそ、日本ならではの魅力や文化を世界に発信したいものです。2013年には、和食がユネスコの無形文化遺産に登録されました。しかし、それ以前からも日本の食文化は海外から注目を集めてきました。健康や長寿を支える理想的な食事だと認知され、季節に応じた食材の豊かさや調理法など、その魅力が評価されています。そんな日本の食文化の中でも、特に強い独自性を持ったものが、「出し」です。海外でも出しを調理に使う国はたくさんありますが、日本の出しは、外国の出しと明確に一線を画す形で特別な注目を浴びています。それは、日本が古くから伝統的に昆布を使う唯一の国だからです。

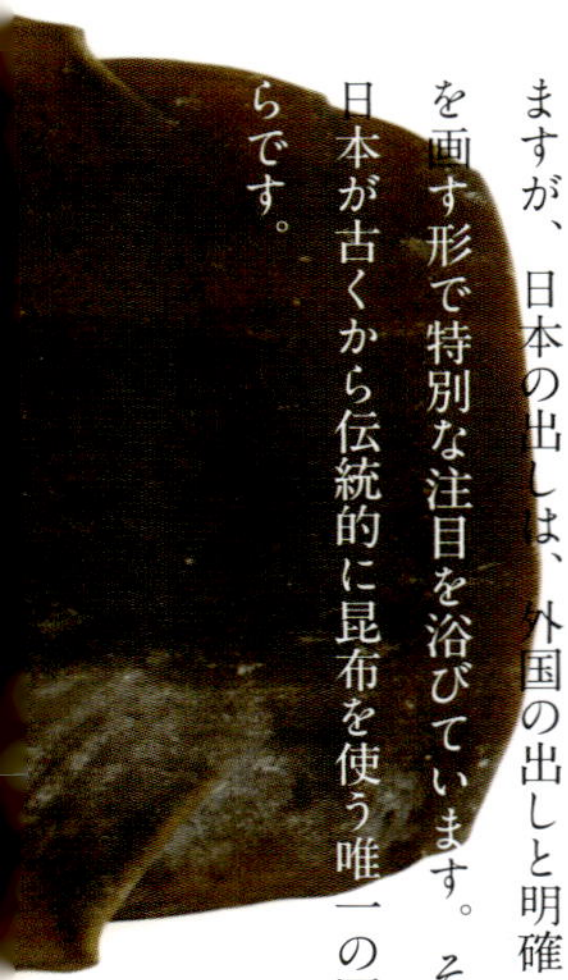

昆布出しと言えば和食に使うものですが、近年ではそれだけではないようです。海外の多くの一流料理人が昆布を使うようになり、私たちの考えの及ばない驚くべき手法で出しを活用しています。それに触れるにつけ、昆布の更なる可能性を感じます。良い昆布出しは、言わば縁の下の力持ち。表面に出ず、味の土台を作り、あらゆる料理を美味しくします。「うまみ」（＊注1）が世界で認知され、今では海外の辞書にも「Umami」という言葉が掲載されるほど、日本発信の言葉として定着し始めました。世界のあらゆる食品の中で、最も豊富にうまみ成分を含む昆布。そんな特別な食品が、日本人にのみ与えられてきたことの幸運を感じます。

昆布と出しの現状

世界に例を見ない素晴らしい文化である昆布。しかし、その昆布文化は、発展するどころか徐々

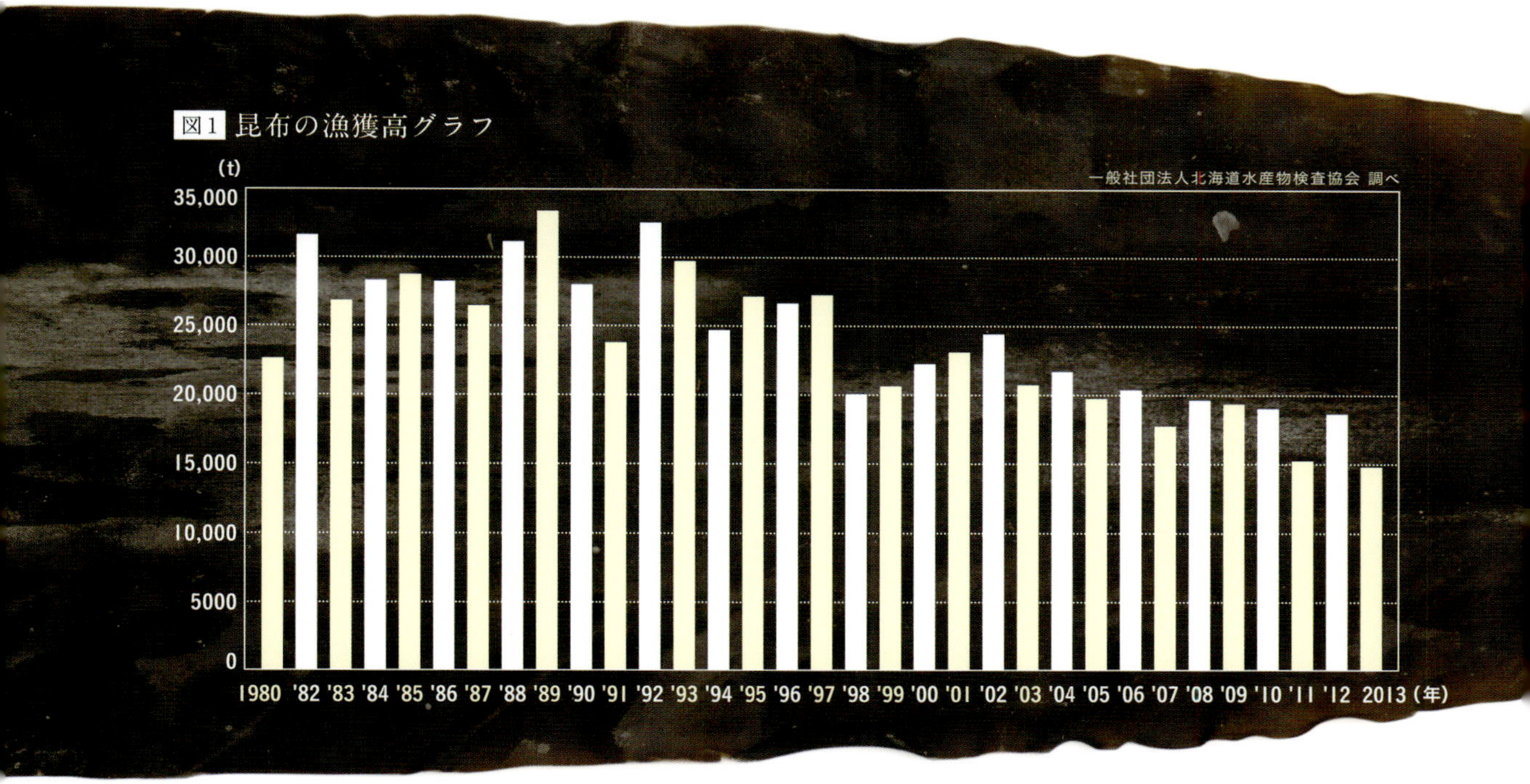

一般社団法人北海道水産物検査協会 調べ

図1 昆布の漁獲高グラフ

に衰退していると言えます。30年ほど前までは、北海道の昆布生産量は年間3万トンレベルで推移してきました。ところが最近では、その約半分ほどにまで落ち込んでいます（図1参照）。環境の変化によって昆布が採れなくなっているのでは、とお考えの方もあるかもしれません。

しかし、実はそうではありません。昆布の消費量が減っているのです。かつて日本の食事の基本は一汁一菜、すなわちごはんと味噌汁とおかずでした。味噌汁には出しが必要ですし、おかずにも出しを使う料理はたくさんあります。そんな伝統的な食生活が時代と共に変化しました。

食の洋風化により、出しが必要な機会自体が失われてきていることに加え、自分で出しを用意される家庭も少なくなっています。代わりに使われるのが簡便な顆粒や液体のだしの素です。だしの素が昆布や鰹節などから作られているのであれば良いのですが、残念ながらそんな商品はほとんど存在しません。主たる原材料は化学調味料［表示上で、調味料（アミノ酸等）］や酵母エキスなどのうまみ調味料です。海外での高い評価の裏で、国内の昆布文化は明確に衰退しています。私たちは、日本人として、もう一度昆布の価値や日常の食生活を見直してみてはどうでしょうか。

＊注1
甘味、酸味、塩味、苦味とともに基本味に並べられる舌で感じる味のひとつ。昆布の中からうまみ物質のグルタミン酸が発見され、第5の基本味として決定づけられた。ただし、西洋では感覚的にこのうまみという捉え方がなかったため、認知が遅れた。グルタミン酸以外のうまみ成分としては、鰹などに含まれるイノシン酸、椎茸に含まれるグアニル酸などがある。

大阪と昆布のいい関係

昆布ロード

古くから大阪は昆布の集散地としての役割を担ってきました。大阪と昆布の歴史で忘れてならないのが、北前船の存在です。北前船は、江戸時代中期から明治にかけて北海道から大阪に物資を運んだ廻船です。通称「昆布ロード」（図1参照）と呼ばれる西廻り航路の開拓により、北海道の産物は海路で直接、大阪へ集められ、その物資のひとつに昆布も含まれていました。この時期以後、大阪の庶民にまで昆布文化が広まることになります。それ以前も、昆布は北海道から日本海側の港に寄港しながら敦賀や小浜に陸揚げされ、近江や京都へ運ばれていましたが、物流量は少なく、貴族など限られた人たちのものであったようです。大阪は「天下の台所」としての側面もあり、昆布を加工し販売するお店も各地に増え、専門業として発展しました。こんぶ土居のある大阪の空堀商店街にも、以前は数軒の昆布専門店がありましたが今では当店だけになってしまいました。

昆布の王様・真昆布

日本の昆布は90%以上が北海道産ですが、たくさんの種類があります（図2参照）。昆布巻やおでんの具などに適した日高昆布、非常に味の濃い羅臼昆布、京都で好まれる利尻昆布など、十種類以上に分かれ、それぞれの特徴があります（図3参照）。その中でも函館を中心とした道南地方で産出する「真昆布」は最高級品に位置づけられます。日高、利尻など、地方の名を冠した品種が多い中で「真」の文字を与えられ、学名は「laminaria japonica」。つまり、日本の昆布の代表

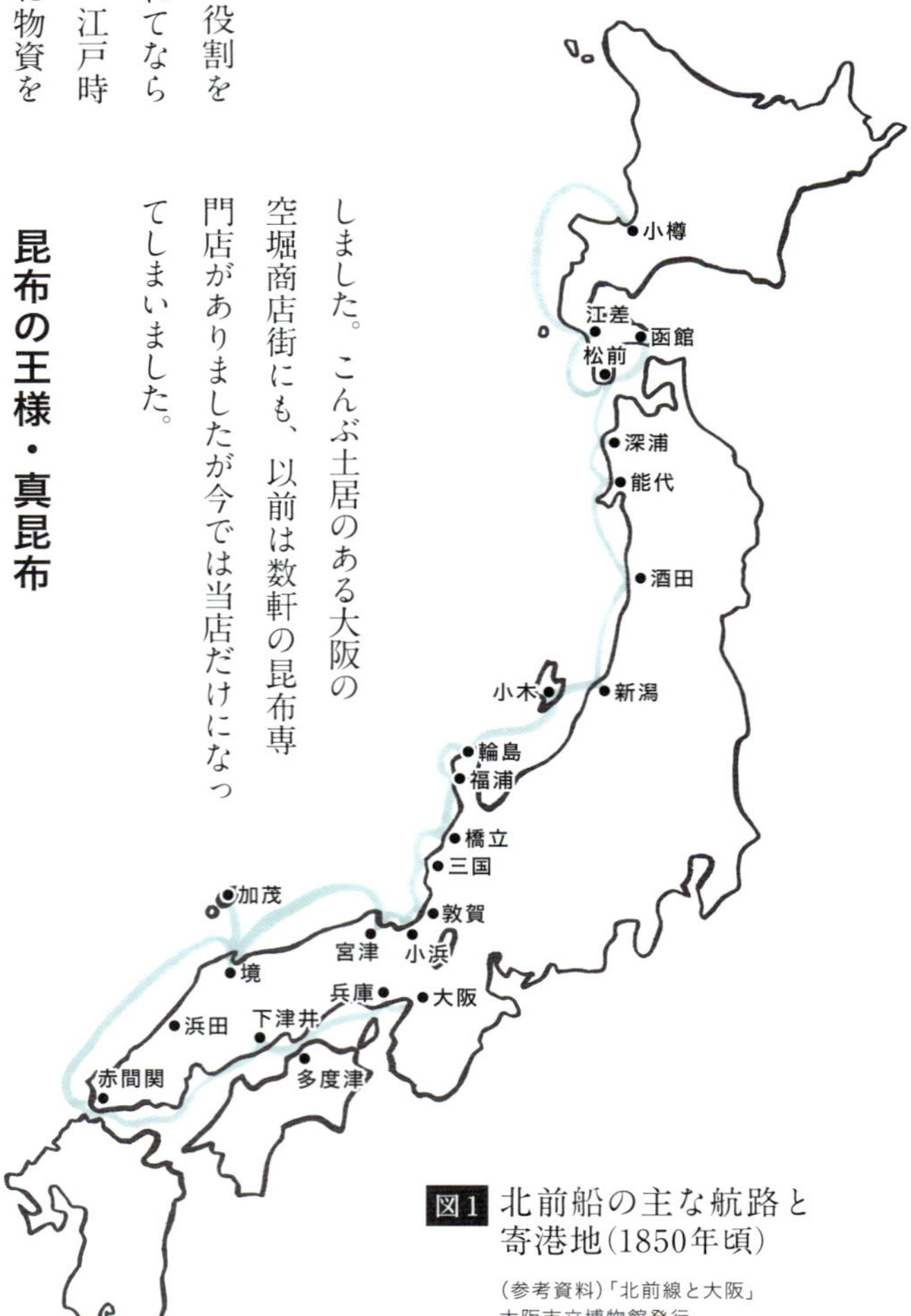

図1 北前船の主な航路と寄港地（1850年頃）

（参考資料）「北前線と大阪」大阪市立博物館発行

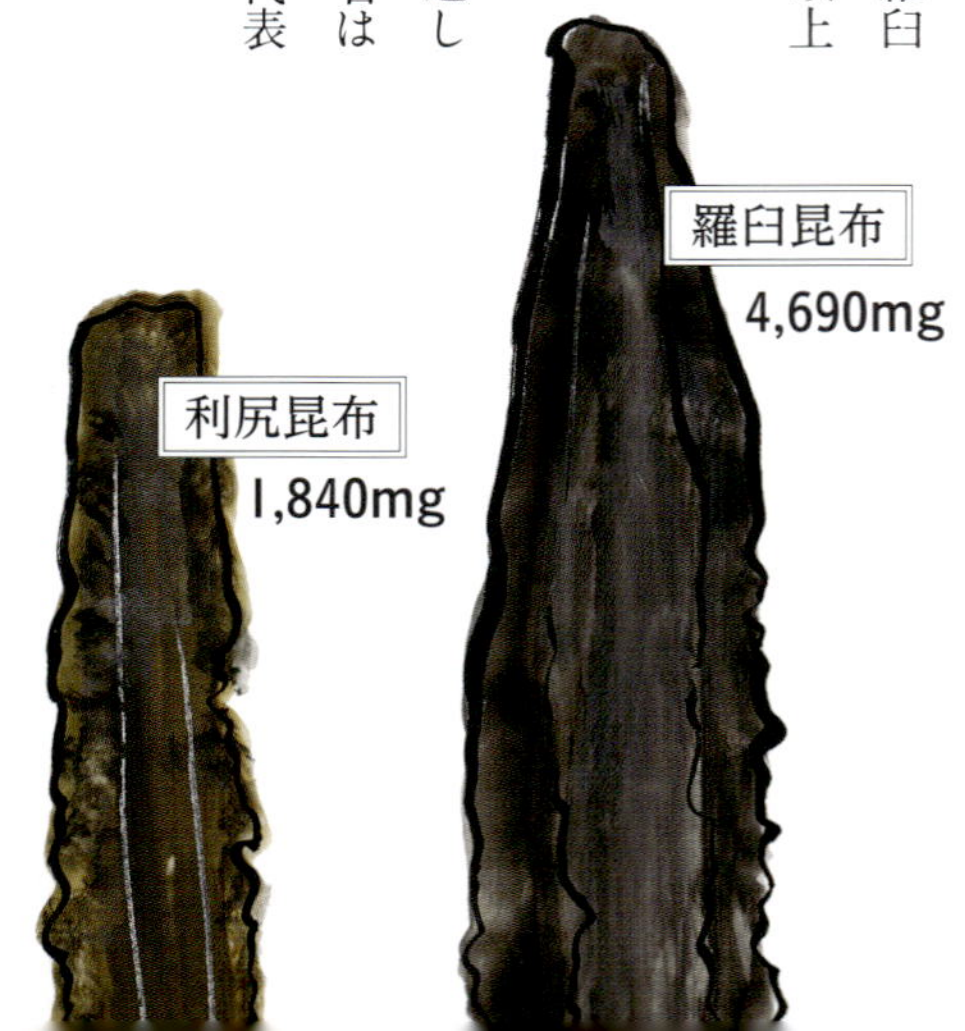

格です。上品で強いうまみが特徴で、非常に良い昆布です。

　同じ真昆布でも採取地によっても味に違いがあり、中でも旧南茅部町《みなみかやべ》（市町村合併により現在は函館市）の川汲浜《かっくみ》や尾札部浜《おさつべ》（図4参照）で採取される白口浜真昆布は素晴らしく、朝廷や将軍家に献納されていたことから「献上昆布」と呼ばれることもあります。良質な真昆布のほとんどは大阪で流通し、加工されてきました。こんぶ土居でも、明治を生きた初代から真昆布ひと筋。現在でも取り扱う昆布の9割以上は、川汲浜の天然真昆布です。

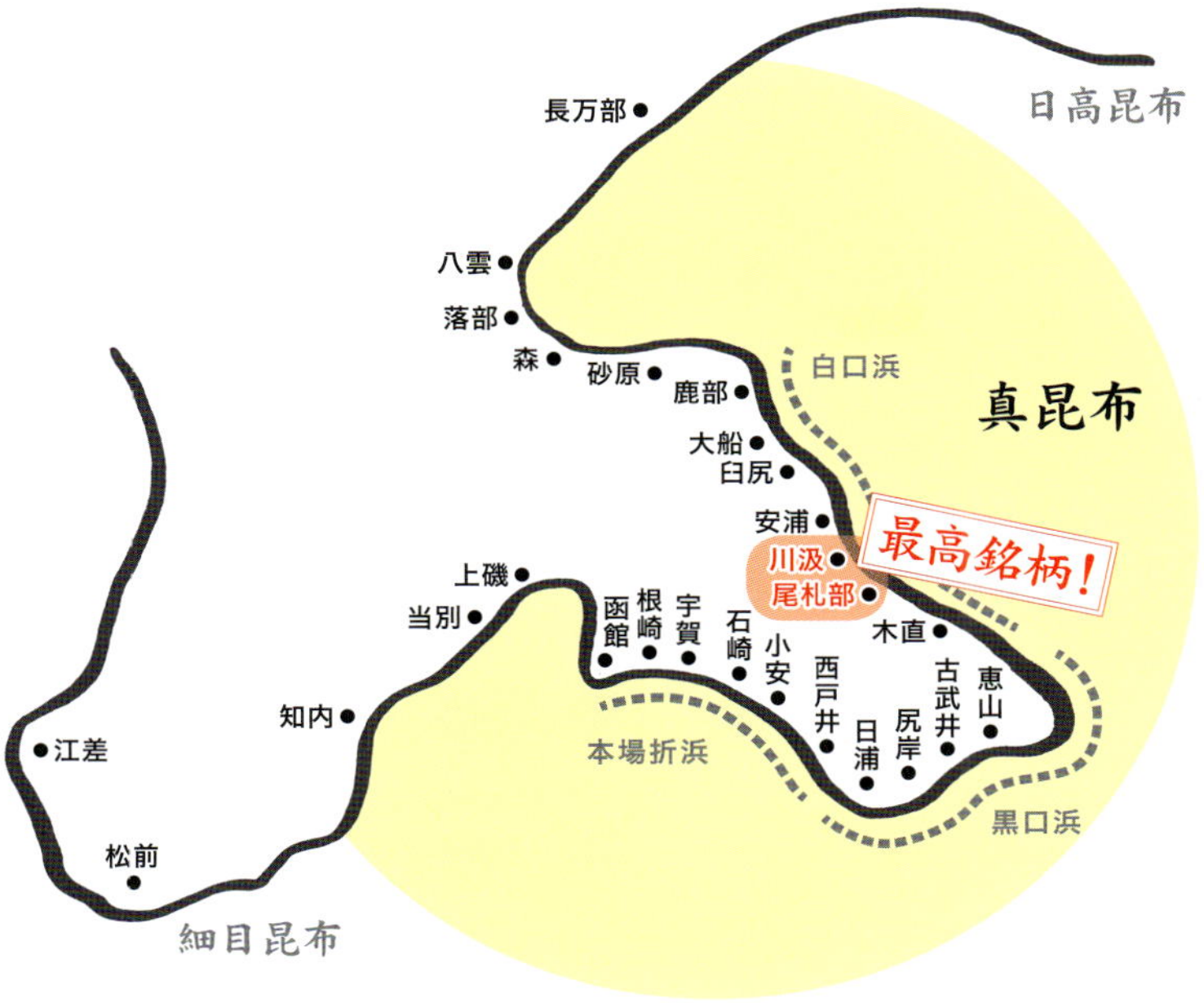

図4 真昆布産地 拡大図

図2 昆布の産地と種類

（参考資料）「北海道水産物検査協会HP」「大阪昆布の八十年」「こんぶネット」

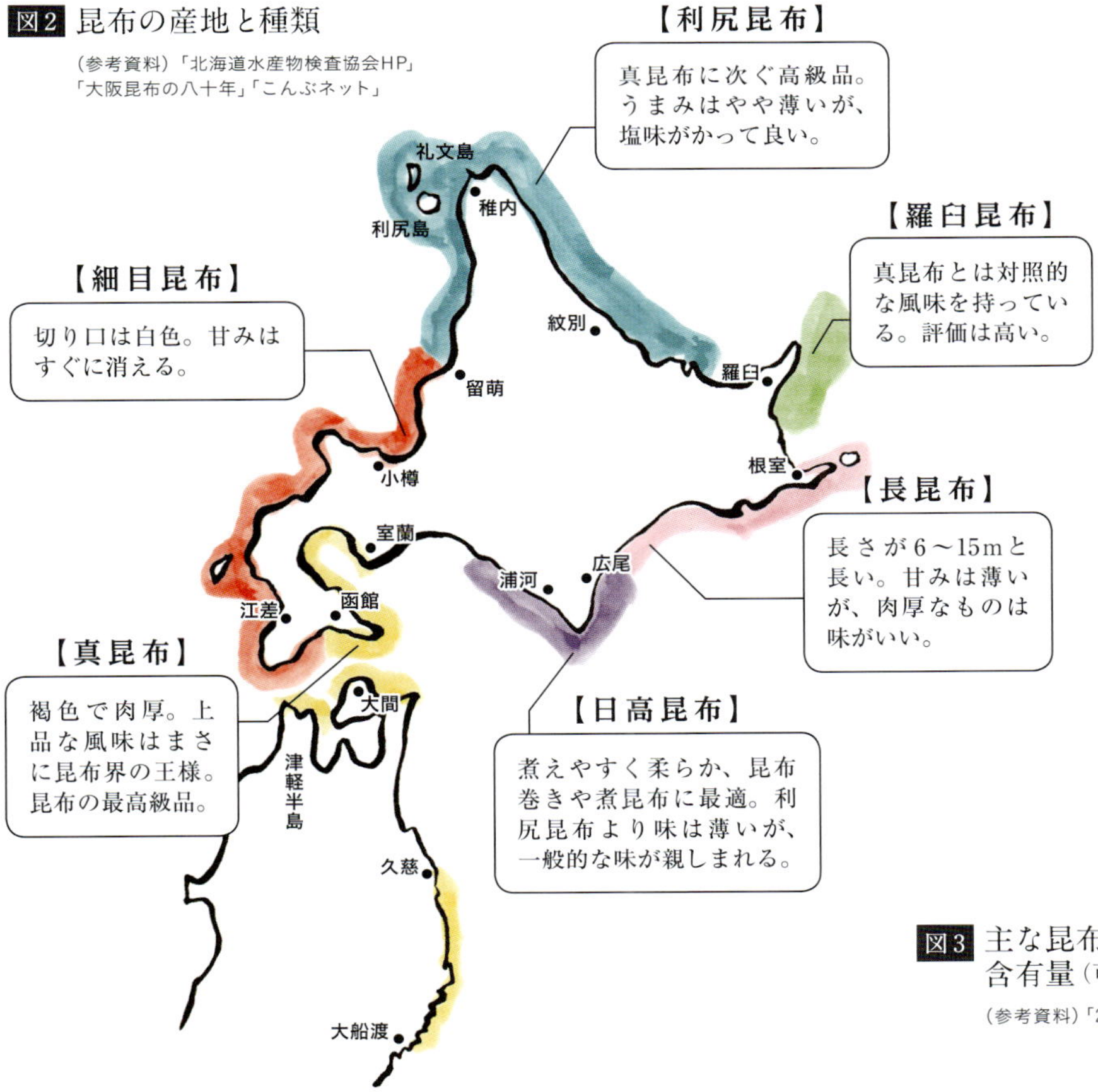

図3 主な昆布のグルタミン酸含有量（可食部100gあたり）

（参考資料）「2014年昆布手帳」

出しの基本は昆布から

それでは、さっそく出しの話。
これさえ押さえれば、
料理が格段に美味しく、
楽しくなります。

いい昆布で、いいお出し

出しを取るのは難しいと思われる方があるかもしれません。しかし「日本の出しは世界一簡単!!」です。これは間違いありません。昆布は、水につけて数時間置けば出しが出るのです。ただ、プロの料理人でも手法は様々ですし、色々な情報が聞こえてきます。例えば、60度に水温を保った中で一時間昆布を煮出すといったようなもの。これも、決して悪い方法ではないと思います。しかし、これはご家庭では少し難しいでしょう。そこでまずはこの方法を試してみてください。〝数時間昆布を水につけ、火にかけて、沸騰近くなったら引き上げる〟。たったこれだけです。そうして出しを取って、仮にあまりうまみが感じられなかったとしたら、まず原因として考えられるのは、使用した昆布の品質が良くないということです。残念ながら、

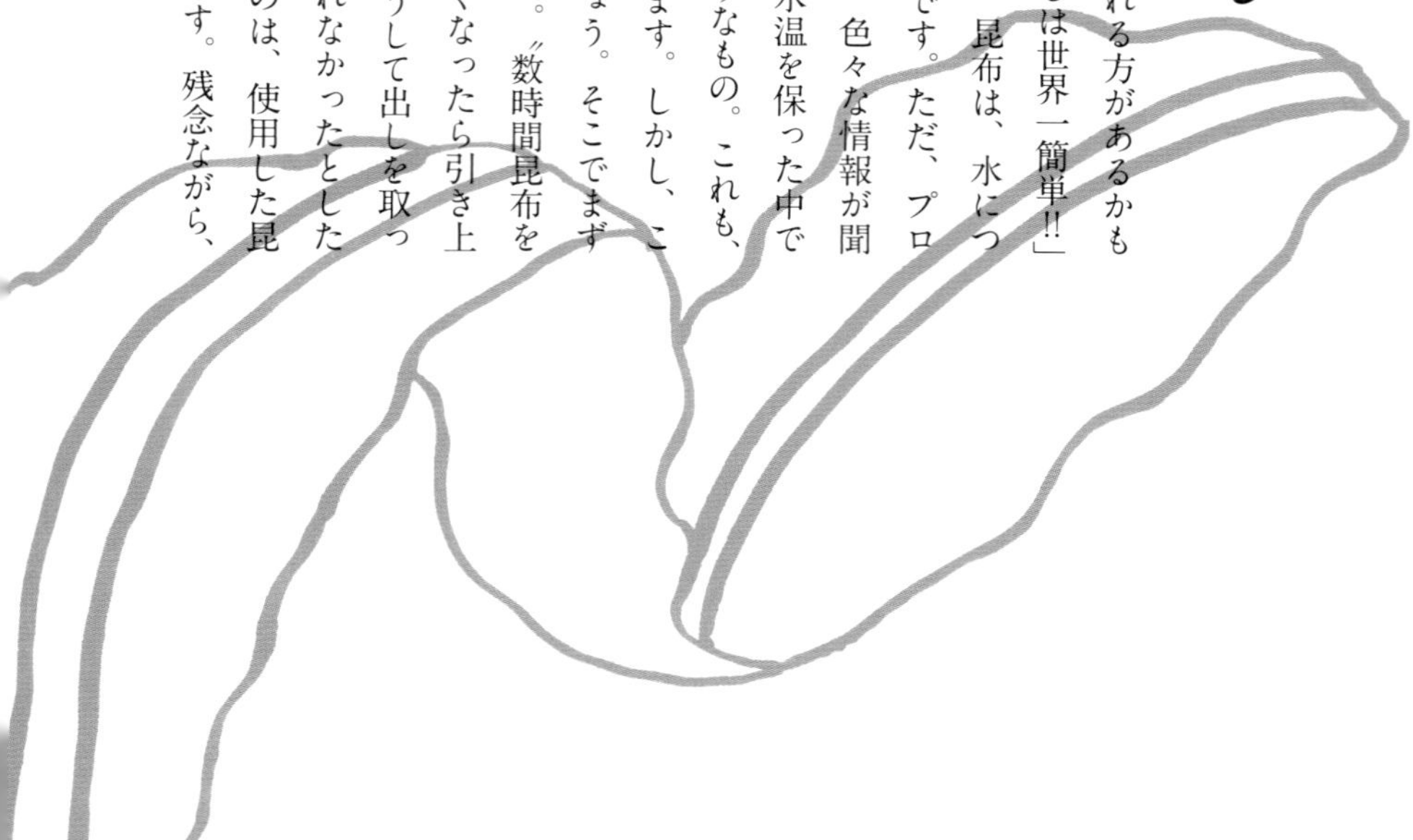

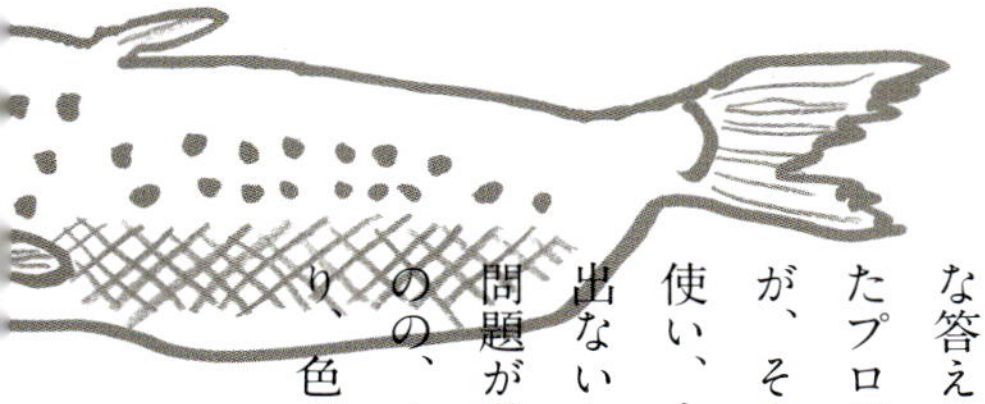

昆布の品質が悪ければ、どんな優秀な料理人でも、良い出しは取れません。良い材料を揃えることは何より大切です。

出しの用途に適しているのは、前述の真昆布・羅臼昆布・利尻昆布の3品種。日高昆布では出しが出ないというわけではありあせんが、上記の品種に比べると劣ります。また、上記3品種には養殖昆布が存在するので、可能なら天然ものをお選びいただくのが良いと思います。養殖昆布のすべてが美味しくないわけではないですし、適切に使えば良いのですが、全体的に見れば天然ものにはかなり劣ります。

ここで、一つ問題があります。養殖や促成栽培の昆布は、商品にその旨が明記されていない場合がほとんどなのです。残念ながらスーパーやデパートでは売場の方に尋ねたとしても、おそらく明確な答えは返ってこないでしょう。専門知識を持ったプロがいる昆布屋さんが近くにあればいいですが、そうもいかないかもしれません。良い昆布を使い、十分な時間水につけていたなら、うまみが出ないということはまずありません。ただ、別の問題が発生することもあります。うまみはあるものの、イヤな味や匂いがあったり、出しが濁ったり、色が悪かったり、昆布の表皮が剥がれて浮遊してきたり。様々なことが起こり得ます。このような問題の原因も、使用した昆布の品質によるものです。本当に良い昆布は、出しを取る際に少々乱暴に扱ったとしても大丈夫です。もし、お使いの昆布で何らかの問題が起きてくるようであれば、沸騰させず、その少し手前で昆布を引き上げるようにしてください。そうすることで、いくらかの問題は軽減します。さらに言えば、採取地によって味が違ったり、一枚一枚の昆布の差異を見抜けるプロの目による選別が必要であったり、昆布の熟成による効果であったり、なかなか奥の深いものです。

ご家庭で出しを取り、仮に味の面で若干の難点があったとしても、鰹節や煮干などと併用すると問題の無い場合も多々あります。自然の滋味を感じ取ってください。そして、立ちのぼる良い香りや美しい色など、出しを取る行為自体の魅力にも気づいていただけると思います。また、本物の出しは、海のミネラルなどの栄養素をたくさん含んでいます。それは、顆粒の出しの素とは全く違う滋養です。是非、出しを取る習慣を続けてみてください。

＊出しがらの利用
出しをとった後の昆布を捨てるのはもったいないという声をよく頂きます。これまでに、煮たり、ぬか漬けに入れたりなどはレシピのひとつとしてインターネットなどで紹介されていますが、本書には、ちょっと違った利用法を紹介しています。ぜひ、チャレンジしてみてください。どれも簡単で美味しいです。

基本の出しの取り方

日本の出しの取り方は、先にも書きましたが世界一簡単です。それもこれも昆布の力がやはり大きいと思います。鰹節と合わせるのも良いですし、椎茸と合わせても美味しい出しが取れ、用途に合わせてお使いいただけます。何度も言うようですが、すべて簡単にできます。構えずにどうぞ。

基本の昆布出し

今回、注目してもらいたい昆布出しです。品質の良いものを使えば、昆布だけでも十分美味しい出しが出来ます。

水*…1ℓ
昆布…10~15g

*できれば軟水。ミネラルウォーターは、ミネラルなどをすでに含んでいるため、本来の昆布の出しが出難くなります。

1 昆布を水に入れて、最低2時間ほど（できれば一晩）つけておく。

2 火にかけて、沸騰直前に昆布を引き上げて出来上がり。

※昆布を長時間、水につけることが出来ない場合は、弱火で徐々に加熱してください。

・昆布出しミネストローネ（→P34）
・昆布ときのこスープ（→P60）
・昆布出しリゾット（→P66）

組み合わせ
1

削り節類（鰹節、鯖節、など）

基本的に昆布と共に使われます。和食の基本ともいえる用途の多い出しです。

1 「基本の昆布出し」に引き続き、削り節を入れて2～3分したら目の細かいザルで漉して出来上がり。

水…1ℓ
昆布…10g～15g
鰹節…10g～15g

大阪のうどんには
混合削り節

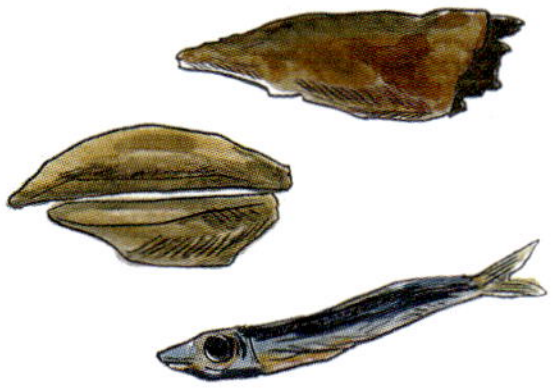

宗田鰹や鯖、うるめ鰯などが混ざったものです。

・かやくごはん（→P26）
・たこ焼き（→P58）
・うどん（→P68）

組み合わせ
2

その他（いりこ、椎茸、など）

いりこ、椎茸などは乾物ですので、昆布同様、水に戻すところから始まります。昆布とは別につけたほうが昆布の出しが出やすいです。後で合わせることで薄まりますので濃いめに作る必要があります。

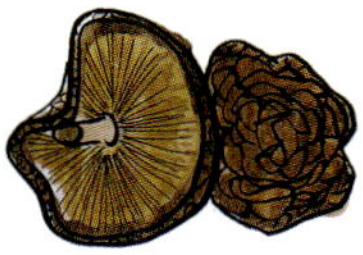

1 ざっと水洗いしたら、水に一晩つけておく。

2 火にかけて沸騰してきたら取り出して出来上がり（椎茸は加熱前に取り出しても構いません。いりこは沸騰させると独特の臭いが強く出ます）。

3 別に取った「基本の昆布出し」と混ぜ合わせる。

※作る料理のレシピに合わせて量は加減してください。

干椎茸…水1ℓにつき15g
いりこ…水1ℓにつき20g

いりこの
風味を和らげる

いりこ独特の風味が気になる場合は、頭と内蔵を取り除いて使うと良いでしょう。

・お味噌汁（→P44）
・扁炉《ピエンロー》（→P94）

※本書では、この分量を基本としています

1988.8

家族での海外旅行にて。パッケージツアーで行ったので、
当時はこういう写真を撮らされるのも普通だったんです。

2014.3

26年後、孫が1人増えて、空堀の店前にて。
こういう家族写真を撮ったのは、香港以来じゃないですかね。

三代目・成吉《しげよし》から見た土居家の話

左端が音七。当時の店前にて。

土居家の家風「親切は身切」

我が家には特別な家訓のようなものはありません。お金を貸すな、借りるな（支払いは早く）、保証人にはなるな、というような一般的な家訓ですが、家風のようなものはあります。

　初代音七のことは、私が小学一年のときに亡くなり、私をよく可愛がってくれたことくらいしか覚えていませんが、あとから人に聞いたところによると、暖簾分けしてもらった本家をとても大切にしたらしいです。このことは二代目の太一郎も受け継いでいて、よくそこへ手伝いに行っていたことを覚えています。太一郎は本業より機械類が好きでした。当時業界では、昆布を切るのはハサミや押し切りを使っていましたが、太一郎は回転式手動角切機を考案したのです。当然本家もこれを導入しましたが、当初は調子が悪くなることも多く、しょっちゅう太一郎が駆り出されていたことをよく覚えています。この回転式手動角切機は、太一郎が淡路島の嫁の実家へ行って見た、牛の飼料のわらを切る道具からヒントを得たものです。のちに電動式になり、さらに改良されて現在業界で使われているものになっています。

　また、太一郎は接客が嫌いで、店に出ることがあまりなかったので、当然店構えにも無頓着で、私が恥ずかしく感じるくらいいきたない店でした。当時店には、とろろ昆布を削る職人さんもいまして、その職人さんを親身になって面倒を見てあげたり、角切機を作ってもらっている鉄工所に資金援助をしたりして面倒をよくみていました。私につぶやいた「親切って身を切る〃身切〃やなあ」という言葉が印象的で私も実感しています。

二代目太一郎考案の昆布角切機

　趣味が多く私から見ればあまり本業に力を入れていませんでした。「食べ物屋は儲けたらあかん。2割か3割利益があったらえーねん」。製造販売でこの調子ですから店は大きくなりません。しかし、生活には困ることなく、贅沢はしていませんがまあ十分に私たちを育ててくれました。

　小学校低学年のとき、Oゲージの鉄道模型を買ってくれました。ただし、完成品ではなく自分で組み立てなくてはならないものでした。けれどこれがとても楽しかったのです。何年も大切にしていましたが残念なことに失くしてしまいました。高校二年のときにはバイクや、当時珍しかったステレオのテープレコーダーを買ってもらったりしました。こんな環境で私も機械好きになっていきました。それ以外でも、一緒によく遊んだ友人の滝本秀一さん、いとこの土居昭夫さんらも機械好きで、この二人は私にはない側面を持っていたので、彼らも良い刺激を与えてくれました。

趣味が商売に生きる創意工夫

私も先代に負けず劣らず趣味が多く、三代目として家業を継いでからもよく遊んでいました。スピーカーボックスを自作したり、海で小さい魚を生け捕りにして家に持ち帰り水槽で飼ったり、ボートや船外機まで作りました。海水魚の循環濾過装置の実用新案特許を取り、その権利を海水魚店に

1988年当時の「こんぶ土居」。
「あまから手帖」（クリエテ関西）
1988年5月記事より

買ってもらったお金で、マイクロバスくらいの大きさの古い木造船を買いました。長女の佐知子が幼稚園の時、その船に乗せて二人で遊んでいて前方不注意の遊漁船に追突され、九死に一生を得ました。このことで今までのことを少し反省して本業に力を入れだしました。もちろん、本業に全く無関心だったわけではなく、良い昆布を作りたいという思いは当初からありました。その当時、純生《じゅんせい》食品という言葉をよく使いました。この頃というのは戦後の物資不足の時代から、すでに大量生産の時代へと入っていました。「大きいことはいいことだ！」という言葉がテレビから流れていたのをよく覚えています。

そんな時代だったため、多くの食品が伝統から切り離されてしまいました。戦後の物資不足の時代には、少しの原料でそれらしい食品を作る必要があったのです。少しの米で清酒や酢を、大豆の搾りかすで醤油を作らなければならなかった。しかし、それが豊かな時代になってきて大企業が食品を作ることになってからも、利益追求のため過去の増量生産の手法を引きずりました。

三代目の私はそんな意味で激動の時代を生きることになりました。多趣味ですが味にもうるさく、子どものころからよく家族に食事の文句を言ったりしていたので、家業を継いでからも塩昆布に使う醤油やみりん、とろろ昆布に使う酢など、もっと良いものがないかと常に探していました。そんな時、和歌山の三ツ星醤油と出会い、野村太兵衛さん（＊注1）の紹介で旧「良い食品を作る会」（＊注2）に入会することになり、いっぺんに視野が広がり、抱えていた問題も解決していきました。原材

料面では他の追随を許さないという状態になりました。自分が食べたいと思う商品を作るということは、じつに気持ちのいいものです。

嫁いできた京子は食にかけては贅沢な家で育ちました。高級料亭やホテルでの食事といった豪華さではなく、母親が毎日家族のために作る食事の質がよく、量も多かったです。このことも仕事にプラスになっています。京子が作る家庭での料理が後述のレシピにもなっていますが、それがこんぶ土居の製品になったものもあります。忙しい中でも昆布と鰹節で出しをとっていました。それを見ていたことが「十倍出し」の開発につながりました。それを作る機械（道具に毛の生えた程度のもの）を作るのはお手の物。しおふき昆布用の乾燥機、塩漬け蕗《ふき》の塩抜き装置、昆布粉用のフィダーなど鉄工所と共同開発したものは多くあります。機械好きは何かと好都合なのです。メンテナンスをするにあたっても、構造などを理解した上でするので機械が長持ちします。簡単な修理はできるので業者に頼む前に応急修理くらいはできるので役にたつことも多いです。ただ、機械オンチの人より忙しくなるのが欠点です。

子どもたちを育てるにあたっても、自分の趣味を押し付けていました。長女は旅行好きになり外国で暮らすようになりました。息子は海好きで、サーフィン、シュノーケリング、バイクのほか、自分で家の床を張ったり、漆喰壁を塗ったり、あげくのはてに電気工事の資格を取ろうとしています。私の持論「男は狩猟（狩漁）ができて、料理ができて大工仕事ができないとアカン！」でいくと、まあ合格しています。息子が子どもの頃、母方の祖父にメルクリンHOゲージの鉄道模型を買ってもらっていましたが、これには全く興味を示さず30年以上たった今、私がそれで遊んでいます（＊注3）。趣味はともかく、良い食品を作ろうとする理念をしっかり受け継いでくれていることが何より嬉しいです。孫にも趣味を押し付けましたが、孫は野球ばかりしています。

＊注1
和歌山県御坊市の三ツ星醤油醸造元、堀河屋野村当主。

＊注2
1975年、良心的な食品製造者の孤立を防ぐことを目的として8社で発足。P108参照。

＊注3
YouTube タイトル「メルクリンで遊ぶ成吉」で見ることができます。https://www.youtube.com/watch?v=ltnI9QB-Lr4

土居

土居家を育てた
日々の食卓

「ふだんの食事はあまり手間をかけずに、ちゃんとしたものを」が、
私（母・京子）のポリシーです。できるだけ品質の良い食材を手に入れ、
使い切ることを心掛けて、昆布の出しがらも利用しています。
ヘルシーで、美味しいですからね。

「健康シチュー」

もともと母が、
私達にたくさんの
野菜を摂らせるために、
夏によく作ってくれたもの。
食欲のない時でも、
すーっとお腹に入ります。
作る側にとっては、簡単で
これにパンなどあれば
バランスのとれた食事となり、
言うことなしです。
「これを食べると健康になるよ」と
いつも私が子どもに食べさせていた
ことからこの名前になりました。
今では娘の家庭でも
定番となっているそうです。

材料（2人分）

玉ねぎ…1ヶ
トマト…2ヶ
ピーマン…1ヶ
じゃが芋（メークィーン）…3ヶ
豚肉ももうす切り…150g
牛乳…300cc
有塩バター…5g
塩コショウ…適量
出しがら昆布…お好みで

作り方

1 玉ねぎ、トマトを1cm〜1.5cmの輪切り、ピーマンは細い輪切りにし、うすく塩コショウする。じゃが芋は輪切りにしてから堅めに塩茹でをしておく。

2 豚肉ももうす切りを一口大に切り、塩コショウをしておく。

3 フライパンを熱してバターをひき、(下から)玉ねぎ、豚肉、じゃが芋、トマトを重ねていき、牛乳を加える。

4 ふたをして20分分程中火にかけ、トマトが少しくずれ牛乳が透明になってきたら、味をみて塩コショウをする。

5 ピーマンを入れ少し熱が入れば、3cm角程度に切った出しがら昆布をのせて出来上がり。

＊鍋いっぱいの具を入れて、あふれそうになる位ぐつぐつ煮ると美味しい。

「出し巻きたまご」

お子さまの大好物
出し巻きたまごは、
やさしいお母さんの味。
お弁当箱の中でも
断然存在感があります。
本物の出しを使った
アツアツの
出し巻きたまごは
しみじみ美味しいものです。
すぐに召し上がるときには、
出しを多い目に入れたり、
少し砂糖みりん等で
甘味をつけても
また違う味わいになります。

材料（2人分）

卵…3ヶ
*十倍出し…小さじ2
油…大さじ1

*十倍出しは原液で使う

作り方

1 ボウルに卵を割り、さっと溶きほぐし十倍出しを入れて混ぜる。

2 卵焼き器を良く熱し、油をたっぷり入れて全体になじませ余分な油は小皿にとっておく。

3 2に溶いた卵を流し、3〜4回取って置いた油を引いては巻き、を繰り返す。

*お弁当に入れるとき、出しがたっぷりだと水分が出てしまう。十倍出しを使うと水分が出る心配がない。

十倍出しがない場合は、昆布と鰹節の濃い目の出しに、塩をひとつまみ入れて代用可。

「かやくごはん」

昆布、鰹節、きのこ、
鶏肉のうまみと醤油が
やさしく香る、
だれもが好きなごはんです。
調味料＋出しを
水の代わりに普通どおり
炊飯器の目盛りまで入れれば、
具の多少は関係なし。
おにぎりにしても
美味しいです。

材料（２人分）

米…１と½合
鶏もも肉…１００g
醤油…大さじ１と½
酒…大さじ１
こんにゃく…¼ヶ
うす揚げ…½枚
ごぼう…¼本
人参…¼本
しめじ…½パック（50g）
昆布と鰹節の出し…１と½カップ位
刻み昆布…５g

作り方

１　米は洗ってザルにあげておく。

２　鶏もも肉は１口サイズに切り、醤油、酒につけておく。

３　こんにゃく、うす揚げは湯通しして短冊切り、野菜類は小さく短冊切りにし、しめじはほぐす。

４　１のお米を炊飯器に入れ、鶏もも肉をつけていた、つけ汁を入れ、昆布と鰹出しを炊飯器の目盛りまで入れる。

５　最後に具材、刻み昆布を全て入れ、軽く混ぜ点火する。

「和風ロールキャベツ」

夕食の時間が
まちまちになった時でも、
さっとあたためれば
あつあつの一皿になるので、
よく作ります。
野菜は、加熱すると
たくさん食べることが
出来るのでヘルシー。
キャベツの代わりに白菜を使った、
ロール白菜も美味。

材料（２人分）

種
- 牛ひき肉…１００g
- 玉ねぎ…¼ケ
- 卵…小½ケ
- 牛乳（または水）…小さじ１
- パン粉…大さじ１
- 塩…小さじ½
- コショウ…少々
- ナツメグ…少々

- キャベツの葉…４枚
- 昆布…５g
- 水…４００cc
- 醤油…小さじ１
- 塩…小さじ１
- コショウ…少々
- *ベイリーフ…２枚

*ベイリーフはなくてもよい

作り方

1 キャベツの葉を破らないようにはがし、さっと茹でる。
*芯の固いところは剥ぎ取ってみじん切りにし、具に混ぜる。

2 ボウルに牛ひき肉、みじん切りにした玉ねぎ、卵、牛乳、パン粉、キャベツの芯、塩、コショウ、ナツメグを入れてよく混ぜ、4等分にする。

3 2を、湯がいたキャベツの葉で包み、キャベツが開かないように爪楊枝で止める。

4 昆布を一口大に切り鍋に敷き、ロールキャベツを止めてある部分を下にして、すき間なく並べる。

5 水と醤油、塩、コショウ、ベイリーフを加え中火にかける。アクを取りながら30分程煮込む。
（煮込んだ昆布は、ロールキャベツとともに盛り付ける）

「出しがら きんぴら」

ごぼうのきんぴらは、
コリコリした昆布の食感が加わると、
より美味しくなります。
土居家では昆布の出しがらは、
なるべく全部使うようにしています。
使用目的により、
使いやすい形に切り
冷凍庫で保存し、
適量たまれば
調理するとよいでしょう。

材料（2人分）

ごぼう…⅔本
人参…½本
出しがら昆布…20g
（出しを取る前の昆布…5g）
胡麻油…大さじ½
醤油…大さじ1と½
みりん…小さじ½
砂糖…小さじ1
昆布出し…大さじ1と½
七味唐辛子…少々
胡麻…少々

作り方

1 ごぼう、人参は太めの千切りにする。ごぼうは10分程度、水にさらしておく。

2 出しがら昆布をごぼうと同じくらいの太さに切る。

3 胡麻油を熱し、ごぼう、人参、出しがら昆布の順に炒め、ある程度火が通ったら、醤油、みりん、砂糖、昆布出しを加え、水分がなくなるまで強火で煎り付ける。

4 お好みで七味唐辛子、胡麻を振りかけて出来上がり。

「ふりかけ」

子どもの大好物のふりかけは、
安心して食べられるものが
ほとんどなく、添加物でいっぱい。
パッケージのキャラクターなどにつられ、
買っている姿を見ると、
母親としては心痛みます。
売ってないのなら、
こんぶ土居で作ろうと、
商品化もしました。

材料（2人分）

出しがら昆布、鰹節
…（出しを取る前の重量で）各10g
醤油…大さじ2
みりん…小さじ2

作り方

1 細かく切った出しがら昆布、鰹節と調味料を混ぜ合わせ、フライパンで加熱して水分を飛ばす。（耐熱の容器に入れ、電子レンジにラップなしで加熱して作る事も可能です。その場合、調味料が電子レンジ内で飛び散りやすいので、ペーパータオルをかける等、工夫して下さい。加熱時間は電子レンジの出力に応じて調節してください）。

2 お好みで炒り胡麻、焼き海苔、青海苔、パリパリに焼いたちりめんじゃこなどを加えるとさらに美味しくなる。

「なます」

昆布とお酢はとても相性がよく、
昆布を少し加えるだけで
味が劇的に変わります。
お節料理でも定番のなますですが、
冬の大根で作ると
特においしいです。
干し柿を入れてもいいですね。
常備菜として
冷蔵庫にあると
何かと重宝します。

材料（2人分）

大根…100g
（厚さ3cm×直径8cm位）
人参…15g
塩…小さじ¼強
*柚子などの柑橘類果汁…小さじ1
皮…適量
酢…大さじ1
砂糖…小さじ½
刻み昆布…1g

*なければレモンでもよい

作り方

1 大根、人参は千切りにし、塩をまぶす。

2 しばらく置くと、水分が出てくるのでしっかり絞る。

3 柚子を絞り、皮は適量を千切りにする。

4 ボウルに酢、砂糖、柚子果汁を合わせる。

5 4に刻みこんぶをを入れ、1の大根と人参を加えて合える。お好みで柚子の皮をちらして出来上がり。

昆布出し ミネストローネ

野菜と昆布と
少量のベーコンで
こんな味がでるなんて!!
コンソメスープの
キューブや顆粒は要りません。
自然の味で
十分美味しく出来上がります。
楽しんでください。

材料（2人分）

- ベーコン（できれば無塩せき）…1枚
- にんにく…小1かけ
- 玉ねぎ…¼ヶ
- セロリ…½本
- 人参…¼本
- じゃが芋…小1ヶ
- 昆布出し…450cc
- トマト水煮缶…100g（¼缶）
- ベイリーフ…1枚
- 小さなパスタ…3g
- 塩…小さじ½
- オリーブオイル…少々
- 刻みパセリ…少々
- コショウ…少々

作り方

1 ベーコンは細切り、にんにくはみじん切り、野菜はさいの目切りにする。（じゃが芋は切ったら水にさらす）

2 小さいパスタは表示通りに茹でておく。

3 鍋に少々のオリーブオイルを引き、にんにくとベーコンを炒める。脂が出てきたら、じゃが芋以外の野菜を入れ、塩を加えさらに炒める。続いてじゃが芋を加える。

4 昆布出し、トマト水煮缶、ベイリーフを加え、野菜がやわらかくなるまで10〜15分弱火で煮込み、2のパスタを加え火を止める。

5 塩で味を調え、器に盛りオリーブオイル、パセリ、お好みでコショウを入れて出来上がり。

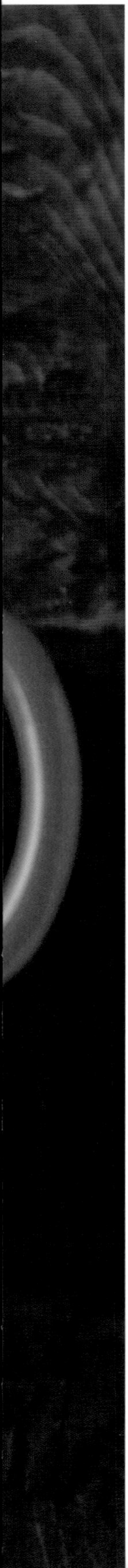

「にしんの昆布巻き」

こんぶ土居でも販売している
にしんの昆布巻き。
作るのは難しいという声も
聞こえてきそうですが、
思っているよりも簡単です。
にしんと昆布の相性は
バツグンなので、
とても美味しくいただけます。
味付けは、ちょっと本格的に。
ごぼうと人参を
一緒に煮るのもオススメです。
少量では作りにくいので、
この分量で。

材料（昆布巻き4本分）

日高昆布*
…長さ15cmに切ったもの12本
水…1ℓ
かんぴょう…約3m
にしん…ソフトにしん半身4枚
（身欠きにしんを使う場合は、半身8枚分を一晩水につけて、よく洗っておく）

*煮る時間が短く、食感、歯切れの良さから日高昆布がよい。

a
砂糖…50g
水あめ…50g
酢…小さじ1
酒…大さじ1
みりん…大さじ1
醤油…大さじ1と2/3

作り方

1 昆布を1ℓの水に10分ほどつけてやわらかくする（戻し汁はとっておく）。かんぴょうをさっと水で洗う。

2 にしんの半身を、背と腹に分けて切り、太さが均一になるように頭側と尾側を交互に並べて組み合わせる（身欠きにしんを使う場合は、昆布巻き1本あたり、半身2枚を使い、頭側と尾側を交互に並べて、組み合わせる）。

3 にしんを昆布3枚で巻き、かんぴょうで3箇所くくる。

4 直径約20cmの鍋に、昆布巻と戻し汁を入れ火にかける。沸騰したら蓋をして弱火で1時間程煮る。

5 4にaの調味料を入れ、クッキングシートを全体にかぶせ、落し蓋をし、再び弱火で1時間程煮る。

6 5に醤油を加え、煮汁が少なくなるまで30分程煮る。

「ママさんの上手なパン」

ドライカレーに、刻み昆布を入れることを思いつき、入れてみました。すると、「今日のカレー、何か珍しい野菜(実は昆布)が入ってて美味しい!!」と当時小学生の息子。昆布がいい仕事をし、美味しいです。

ドライカレー入りのホットサンドは義父(二代目)の大好物で、「ママさんの上手なパン」と命名されていたのも懐かしい思い出です。

材料(2人分)

玉ねぎ…中1ヶ
セロリ…½本
人参…½本
にんにく…1かけ
油…小さじ1
牛ひき肉…120g
ベイリーフ…1枚
カレー粉…大さじ1と½
クミンシード…少々
トマト水煮缶…200g
刻み昆布…4g
塩…小さじ1
ウスターソース…大さじ1
ひよこ豆水煮缶…160g
牛乳…20cc
醤油…小さじ1
*りんごジャム…お好みで
刻みパセリ…大さじ1
ガラムマサラ…少々
食パン(サンドウィッチ用)…4枚

*りんごジャムは、なければその他のフルーツジャム、またはなくてもよい

作り方

1　玉ねぎ、セロリはみじん切りにし、人参、にんにくはすりおろす。

2　油を引いた鍋で肉を炒め、肉が色づき始めたら、玉ねぎ、セロリ、ベイリーフを加えさらに炒める。

3　2の野菜がしんなりしたら、カレー粉、クミンシードを振り入れて、さらに炒め、カレーの香りをたたせる。

4　3にトマト水煮缶、刻み昆布、すりおろした人参を加え、炒め煮する。塩、ウスターソース、豆水煮缶、牛乳を加え、最後に醤油を加える。(お好みでジャムなどを加えてもよい)

5　4の水分が飛び、汁っぽさがなくなったら、刻みパセリ、ガラムマサラを振ると、ドライカレーの出来上がり。これを食パンにはさみ、ホットサンド器にバターを引いて焼く。

*多い日に作って一日はご飯と、もう一日にホットサンドもおすすめ。

「ほたて昆布」

お弁当に少し入れたり、
箸休めとしても便利です。
アッという間に出来て、
予想外の美味しさです。
昆布も細いので、すぐやわらかくなります。
家庭内で好評につき、
これも商品化しています。

材料（２人分）

ベビーほたて（冷凍）…１５０ｇ
しょうが…５ｇ
醤油…大さじ１
酒…大さじ１
砂糖…小さじ１
刻み昆布…５ｇ

作り方

１　ベビーほたてを解凍する。
２　しょうがを千切りにする。
３　鍋に醤油、酒、砂糖を合わせ弱火にかける。
４　３が沸騰したら、ベビーほたてとしょうが、刻み昆布を入れ水分が少なくなってきたら、火を止め出来上がり。
＊照りが欲しいときは蜂蜜を少し加えても、よい。

「和風コーンスープ」

みんなが好きな
コーンスープですが、
毎日飲んでも
あきない味にトライしました。
昆布出しと
コーンのクリーム缶さえあれば
すぐに出来るので、
困った時の一品にも。
冷蔵庫に良質の水出し昆布水があれば、
和、洋、中、を問わず、
いろんな料理に使えて
奥深い味になります。

材料（２人分）

昆布…３g
水…２００cc
コーンクリームタイプ缶…1缶（１９０g）
牛乳…１８０cc
塩…小さじ¼
コショウ…少々
オリーブオイル…少々
パセリ…少々

作り方

1 昆布を水に一晩程つけておく（昆布が水分を吸収して１８０cc位になる）。

2 コーンクリームタイプ缶と牛乳、１の出しを鍋に入れ、焦がさないように加熱する。

3 全体に火が通ったら、塩、コショウで味を調え火を止める。

4 器に入れて、オリーブオイルを少々たらし、パセリを散らす。

*昆布の出しが決め手なので、上質なものを使うこと。

「えのき昆布」

たくさん作って
清潔なビンで保管すると、
わりと日持ちもするので、
色々と使えます。
調味料なしで、
卵とえのき昆布だけで
ふわふわに焼いたオムレツは
おすすめです。
こんぶ土居の商品にもなりました。

材料（2人分）

えのき茸…100g
醤油…大さじ1
みりん…小さじ2
刻み昆布…2g

作り方

1 えのき茸は石づきを取り、⅓の長さに切る。
2 醤油とみりんを鍋に入れ、えのき茸を加え、軽く混ぜる。
3 えのき茸から水分が出てなじんだら（すぐに火にかけると焦げます）、2を弱火にかけ、沸騰したら刻み昆布を加え、1分くらいで火を止めて出来上がり。

「お味噌汁」

「日本人に生まれてよかった」と
思える味ですが
なかなか奥深く、
出し、具、味噌の相性もあります。
素朴な味に仕上げたいときには、
昆布といりこの出しと
つぶつぶのある田舎味噌ですね。
ほかにも、季節の野菜の味噌汁には
昆布と鰹節の出し、信州みそ。
貝類や豚汁には、
昆布出しとちょっと辛めの
仙台味噌や名古屋味噌などお好みで。
まずは冷蔵庫にある野菜で
試してみてください。

材料（2人分）

昆布といりこの出し…2カップ
豆腐…⅓丁
わかめ…4g
ねぎ…1本
味噌…小さじ2

作り方

1 具材を食べやすい大きさに切る。
2 鍋に出しを入れて中火にかけ、くつくつ沸騰したら1の豆腐、わかめを入れ、煮えたら火を止め、ねぎ、味噌を入れる。

２０１４年７月、土居家の庭　作庭／武部正俊

「胡麻和え」

野菜をさっと茹で、
すり胡麻と調味料で
和えるだけの手軽さで
栄養的にも優れた一品になります。
ほうれん草、インゲン、
ナス、キャベツ、人参、
もやし等も、美味しいです。

材料（2人分）

アスパラ…4本
白胡麻…大さじ1
塩…ひとつまみ
醤油…小さじ1弱
アスパラの茹で汁…小さじ½
出しがら昆布…10g～15g

作り方

1 アスパラは袴を取り、3～4等分(5㎝程度)に切って、歯ごたえが残るよう、さっと塩茹でする。

2 フライパンで白胡麻を煎り、すり鉢に胡麻を入れ、する。

3 2に醤油、アスパラの茹で汁を加える。

4 出しがら昆布を野菜と同じ位の長さに切り、2～3㎜の千切りにする。

5 3に昆布、アスパラを入れよく和える。

「白菜の浅漬け」

好みの野菜を塩でもみ、
刻み昆布を加えると、
そのうまみで
やさしい味になります。
野菜の種類にもよりますが、
2〜3%の塩分
（野菜100gなら2〜3g位）で
作ると良いでしょう。

材料（2人分）

白菜…1〜2枚
人参…少々
塩…小さじ¼強
酢…小さじ¼
刻み昆布…1g
水菜…少々

作り方

1 白菜を一口大の大きさに切り、人参は千切りにする。

2 ボウルに1を入れ、塩を加えて良く混ぜ、ポリ袋に移す。

3 袋の上から軽くもみ、水分が出てきたら、水気を少々残し余分な水分を（ポリ袋の口から）軽く絞る。

4 酢と刻み昆布、一口大の大きさに切った水菜を加えて1時間くらい冷蔵庫で置くと出来上がり。

「カレイの煮付け」

煮魚って、大変そうと
思われるかもしれませんが
この方法だと、とても簡単です。
子どもがまだ小学生のころ、
土曜日のお昼ごはんに
よくリクエストされていました。
ちょっと濃い目の味が
ご飯によく合います。

材料（2人分）

a
- 水…½カップ
- 醤油…大さじ2と½
- みりん…大さじ1
- 酒…大さじ1
- 砂糖…大さじ1

昆布…5g（食べやすい大きさに切る）
しょうが…1かけ（うす切り）
カレイ切り身…2切れ

作り方

1 aを沸騰させた鍋の中に昆布、しょうがを加え、カレイを入れる。

2 煮汁をかけながら魚の表面の色が変わってきたら落としぶた（ホイル）をし、弱火で10分程度煮る。

＊付け合わせに野菜を加える場合は、火を止める直前に、下茹でしたものをのせる。

塩昆布

大阪では昆布の佃煮のことを
塩昆布といいます。
かつてはどこの家庭でも炊かれていて
私が子どもの頃には
おばあちゃんが炊いていました。
学校から帰ると「あっ、塩昆布を炊いてる！」と
すぐ分かる、ちょっと辛くて美味しそうな香りが
遠くからでもしたものです。
当時は保存食だったため味は濃い目でしたが、
今はお好みの味にして冷蔵庫で保存してください。
椎茸、タケノコ、実山椒、蕗や
ちりめんじゃこ、鰹節などの具材を
多い目に入れて炊くのも美味しいです。
こんぶ土居では青梅や柚子、えのき、豚肉、
ほたて貝などの変わり種入りも商品化しています。ポイントは一つ。
「弱火でじっくり、
気になってもあまり蓋を開けない」です。

材料（２人分）

昆布（角切り）…２００g
濃口醤油…２００cc
みりん…大さじ２と$\frac{3}{4}$
酒…大さじ２と$\frac{3}{4}$
水…７００cc

作り方

1 昆布を水で軽く洗い、ザルにあげておく。

2 鍋に（容量2リットルほどのもの。厚手のものが望ましい）全ての材料を入れ、強火で加熱する。

3 沸騰したら、できるだけ弱火にし、蓋をしっかり閉めて、約2～3時間加熱する。途中、焦げ付かない程度に混ぜる。水分がほとんどなくなり、昆布がやわらかくなったら出来上がり。

あさりのお吸い物

私の母はお寿司作りが好きで、
バラ寿司（大阪では高級でないちらし寿司のことをこう言います）、巻き寿司、
いなり寿司などを
よく作ってくれました。
その時のお吸い物は
あさりが多かったですが、
雛まつりにはちょっとグレードアップして
蛤になっていたような気がします。
お寿司によく合うやさしいお味です。
何の手間もかからず、
しみじみと美味しい。
昆布のアクまとめ効果、感動です。

材料（2人分）

昆布…5g
水…400cc
あさり…200g
醤油…小さじ1/3
三つ葉…少々

作り方

1 鍋に水と昆布を2〜3時間つけておく。

2 あさりは、塩水で砂抜きをしておく。

3 1の鍋にあさりを入れ、火にかける。あさりの口が開いて、アクが出てきたら、アクを取る。

4 昆布を引きあげ、火を止め、醤油を加える。

5 お椀に入れ、三つ葉をのせて出来上がり。

*昆布のぬめりが、アクをしっかりまとめてくれる。

「4種のドレッシング」

わが家では
市販のドレッシングは使いません。
その日の分だけ作ります。
昆布粉が美味しさだけでなく、
乳化剤の働きをし、
油と酢が分離しにくくなります。

フレンチドレッシング

材料（2人分）

サラダオイル…大さじ2
酢…大さじ2
レモン絞り汁…大さじ1
塩…小さじ¼
昆布粉…ふたつまみ
コショウ…ひとつまみ

胡麻ドレッシング

材料（2人分）

練り胡麻…大さじ1
酢…大さじ2
マヨネーズ…大さじ2
オリーブオイル…大さじ½
醤油…大さじ½
砂糖…小さじ1
昆布粉…ふたつまみ

和風醤油ドレッシング

材料（2人分）

玉ねぎすりおろし…30g
サラダオイル…大さじ2
酢…大さじ2
醤油…大さじ2
砂糖…ひとつまみ
昆布粉…ふたつまみ

イタリアンドレッシング

材料（2人分）

オリーブオイル…大さじ2
バルサミコ酢…大さじ2
塩…小さじ¼
コショウ…ひとつまみ
にんにくすりおろし…小1かけ
昆布粉…ふたつまみ

全ての作り方

1　材料を全て良く混ぜるだけ。

昆布の可能性と人との繋がり

　母親の料理に続き、地元大阪の名物や少しだけ特別な料理を。食べるのも作るのも大好きな私（純一）が、様々な方のアイデアを元にレシピにしました。そんなエピソードも交えてお楽しみください。さらに、注目は昆布出しが世界の料理に見事なまでにとけ込むことです。外国料理の出しはハードルが高いですが、代わりに昆布出しを使ってみてください。驚かれると思います。

「たこ焼き」

空堀にある「たこりき」の
素晴らしいたこ焼きをヒントに、
家庭でも作りやすいレシピを
ご用意しました。
このお店の経営者である、今吉さんは
真昆布産地の「北海道南茅部高等学校」
の昆布漁師後継者候補達の
こんぶ土居訪問に合わせて、
大きな業務用たこ焼き器を持ち込んで
生徒さんの目の前で
焼いてくださいました。
（当日の様子は美味しんぼ原作者の雁屋哲さんの
ブログでも読んでいただくことができます。）
http://kariyatetsu.com/blog/725.php
ソースをつけずにどうぞ。

材料（2人分）

生地
- 薄力粉…100g
- 昆布と鰹節の出し…400cc
- 卵…1ヶ
- 塩…小さじ½
- 醤油…小さじ1

- たこ…80~100g
- ねぎ…1本
- 油…適量
- 天かす・紅しょうが（お好みで）

作り方

1 薄力粉に少しずつ、昆布と鰹節の出しを入れて溶いていく。

2 卵は別に溶いておいて、塩、醤油と合わせて1に加える。

3 たこは食べやすい大きさに切り、ねぎは小口切りにする。

4 たこ焼き器を強火で熱し、熱くなったら油をひき、2の液体を流す。

5 4にたこ、ねぎ、天かす、紅しょうが等を入れ、しばらくして90度ひっくり返す、2回程ひっくり返し出来上がり。

「昆布ときのこスープ」

2013年に、
イタリアの食科学大学の海外研修生を
こんぶ土居で受け入れた際に、
料理研究家の森智恵子さんが
学生達に振舞ってくれたメニューです。
なんと材料は昆布ときのこと塩だけ。
イタリア人にも大好評だった
昆布ときのこのうまみの
相乗効果を体感してください。
森智恵子さんは、
後述の「味噌ニャカウダ」、「ピクルス」、
「昆布粉Biscotti」、
「昆布のバルサミコ和え」の
レシピ提供もしてくださいました。

材料（2人分）

昆布出し…400cc
いろんなきのこ…80g
塩…小さじ1/4強

作り方

1　鍋に冷ました昆布出し、きのこを入れ弱火でゆっくり煮る。
2　湯気が出てくつくつ沸騰してきたら、塩を入れる。
3　塩で味を調える。

「昆布出しカレー」

こんぶ土居からも近い
「整体と暮らしのギャラリー nara」。
naraさんでは、
日時を限って、
こんぶ土居の天然真昆布を使った
昆布出しカレーを
提供されています。
ご主人の髙野さんが作るカレーが
とても美味しく、真似て作ってみました。
naraさんのカレーとは
ずいぶん違いますが、
シンプルで
美味しいカレーが出来ました。

材料（2人分）

玉ねぎ…大1ヶ
しょうが…1かけ
にんにく…1かけ
セロリ…6〜7㎝
油…大さじ2
クミンシード…小さじ1
トマト…中2ヶ
トマト缶…¼缶
昆布出し…250cc

a
ターメリック（粉）…小さじ1
コリアンダー（粉）…大さじ1

塩…小さじ1
豆乳…大さじ1
砂糖…小さじ1

作り方

1 玉ねぎをみじん切り、しょうが、にんにく、セロリをすりおろす。

2 鍋に油、クミンシードを入れて中火にかける。

3 2のクミンシードが泡立ってきたら玉ねぎを加え、あめ色になるまでしっかり炒める。塩ひとつまみと水少々（各分量外）を加えながら炒めると均一に火が通る。

4 3にすりおろしたしょうが、にんにく、セロリを加えて炒める。

5 4に湯むきしたトマト、トマト缶を加え、トマトの形がなくなり、水分が少なくなるまで炒め煮する。

6 火を弱めて、aと塩を加え、炒め合わせる。

7 6に昆布出しを加え30分程度煮る。

8 7に豆乳、味をみて塩、砂糖をお好みで加えて出来上がり。

「味噌ニャカウダ」

バーニャカウダならぬ〝味噌ニャカウダ〟。
これは、2012年、映像製作チーム
「Inspiring People & Projects」
(http://inspiring-pp.com)によって
開催された、
「Osaka Konbu Meeting」で
提供された変り種の料理です。
朴葉焼きをヒントに、
陶板であぶられた昆布に
特製ソースが合わさり、
独特の魅力ある一皿になっています。
パリパリに焼かれた昆布も
美味しくいただけます。
「Inspiring People & Projects」の
美しい映像作品も是非ご覧ください。
http://vimeo.com/channels/556588

材料(2人分)

にんにく…大2かけ
松の実…30g
ねぎ…1本
味噌…30g
みりん…大さじ1
オリーブオイル…大さじ2
塩…少々
昆布…20cm程
☆お好みの野菜
　人参、大根、ラディッシュ
　ブロッコリー
　フランスパン etc…

作り方

1 お湯を沸かし、にんにくの皮をむいてやわらかくなるまで湯がき、水を切る。

2 松の実をフライパンで煎り、ねぎは細かく切る。

3 すり鉢に1のにんにく、2の松の実、ねぎ、味噌、みりんを順に入れてすり合わせる。

4 3にオリーブオイルを入れ、全体に混ぜ合わせ、塩で味を調える。

5 耐熱皿または、フライパンの上に、両面にオリーブオイルを塗った昆布を置き、昆布の上に4の味噌をのせて火にかけ、くつくつと火が通ったら野菜をつけて食べる。

☆お好みの野菜で(必要なものは下茹で)してください。

昆布出しリゾット

縁の下の力持ちとでも言うべき
昆布のうまみ。
でしゃばりすぎることなく
味の土台を作ります。
それ故、西洋料理にも全く違和感なく
使っていただけると思います。
その一例として、
イタリア料理のリゾットを
昆布出しのみで仕上げるレシピを
ご紹介します。昆布の力を理解していただきやすいよう、限りなくシンプルな
材料で仕上げました。
少しだけお米の芯を残した状態で
仕上げるのが、イタリアの伝統です。

材料（2人分）

オリーブオイル…大さじ2
玉ねぎ…大½ヶ
塩…ふたつまみ
米…½カップ
昆布出し…500cc
パルミジャーノ、ナッツ（お好みで）

作り方

1 深めのフライパンか鍋にオリーブオイル、みじん切りにした玉ねぎを入れ、塩をふり、焦がさないようにしんなりとするまで、ゆっくりいためる。

2 1に米を（洗わず）入れ、炒め合わせる。

3 2に昆布出しを2、3回にわけて加え、お米が良い堅さ（芯がほんの少々残っている）に煮えてきたら水分をとばし、塩で味を調えて出来上がり。

*注ぐ出しは、熱いものが鉄則です。
*お好みでパルミジャーノやナッツ、オリーブオイルをどうぞ。

「うどん」

大阪の日常食の代表、うどん。
ただ、関西風のうどんの出しは
意外に難しいものです。
昆布と共に、
鰹節を使うと思われがちですが、
必要なのはもっと
パンチの強い濃厚なうまみ。
大阪のうどん屋さんでは主に、
昆布と共に、
うるめ鰯と鯖と宗田鰹を使います。
休日のお昼にでも、
手作りの美味しいうどんを
味わってみてください。

材料（2人分）

水…900cc
昆布…10g
*混合削り節…20g
薄口醤油…大さじ2と2/3
みりん…大さじ1と1/3
麺…2玉

*うるめ鰯、鯖、宗田鰹節などが複数混合されたもの

作り方

1 水に昆布をつけ約2時間おく。
2 1を強火にかけて、沸騰してきたら弱火にして混合削り節を加える。
3 2〜3分煮出して漉す。
4 薄口醤油、みりんを加える。
5 麺を湯がいて、お好みの具材をトッピングすれば出来上がり。

「こんぶ餡」

こんぶ土居からすぐ近く、
最中店の「一吉」。
店主の山本由紀子さんは、
昆布を使った
最中づくりにも取り組まれ、
すでに商品化したものも
いくつかあるようです。
芋を使った餡を
最中の皮にはさんでみました。

材料（2人分）

さつま芋餡

さつま芋…中1本（100g）
砂糖…15g
油…大さじ1強
塩…ひとつまみ
昆布粉…小¼

じゃが芋餡

じゃが芋…中1ヶ（100g）
砂糖…20g
油…大さじ1
塩…ひとつまみ
昆布粉…小¼
オレンジピール…10g

作り方

1 じゃが芋、さつま芋はやわらかく蒸す。
2 1をつぶす。
3 鍋に1を入れ、砂糖、油、塩を入れて砂糖が溶けるまで弱火にかけながら練り合わせる。
4 3に昆布粉、オレンジピールを入れ、混ぜ合わせて出来上がり。
「一吉」さんの最中の皮に。

「ピクルス」

色とりどりで
とても美しいピクルス。
常備してはいかがでしょうか。
合わせ酢に
少し昆布を切って
入れておくだけで、
驚くほど美味しく仕上がります。
つけた昆布は、
野菜と一緒に食べることが出来ます。

材料（2人分）

ピクルス用つけ汁
- 酢…½カップ
- 水…½カップ
- 砂糖…大さじ3
- 塩…小さじ¼

レモングラス…適量
昆布…3g
粒コショウ…5粒
ローズマリー…適量

ある野菜（なんでも）
…めやす200g程
人参…⅓本
きゅうり…小½本
蓮根…30g
カリフラワー…65g
赤ピーマン…¼ケ
黄ピーマン…¼ケ
黒オリーブ…2～4ケ

作り方

1 ピクルス用つけ汁を煮て、砂糖が溶けたら粗熱をとり、レモングラス、カットした昆布、粒コショウを入れる。

2 人参、蓮根はさっと湯がく。

3 1にお好みの野菜を入れ、あればローズマリーを入れて冷蔵庫で半日程冷やす。

看板 成吉作。撮影協力地の玄関より。

「すこんぶ」

子どもさんに、
健康的なおやつはいかがでしょう。
市販のものは、
添加物が使われることが多いです。
家庭でも簡単ですので、
作ってみませんか？
材料は、昆布と酢と砂糖のみ。
大切なのは、
良い昆布と、良い酢を
使うことだけです。

材料（2人分）

昆布…30g
米酢…大さじ3
砂糖…10g

作り方

1 密封容器に昆布と酢を入れ、約3週間熟成させる。

2 砂糖を加えて混ぜ、1日置く。

3 再びよく混ぜて、半日ほど陰干しにして出来上がり。

＊干さずに濡れたままのものをそのまま食べても美味しいです。

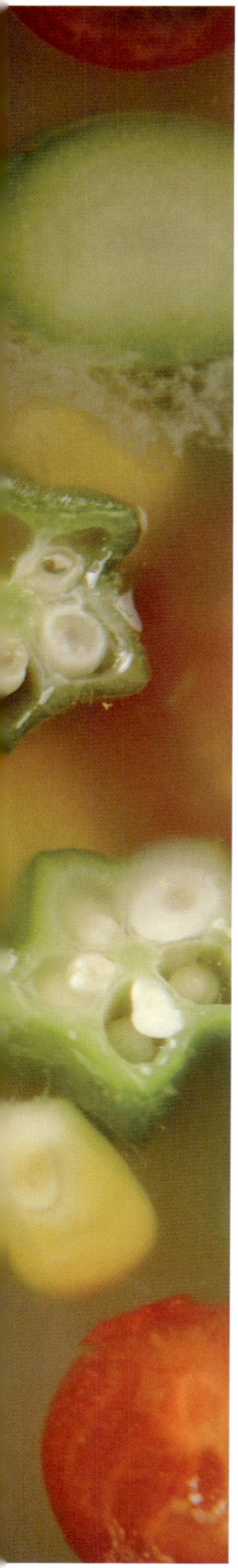

「野菜のテリーヌ」

こんぶ土居からすぐ近くの
テリーヌ専門のワインバー、
「vin voyage」。
オーナーソムリエの
森田幸浩さんは
こんぶ土居の「十倍出し」を使って
非常に美しい
野菜のテリーヌを
提供しておられます。
森田さんに助言をいただきながら、
家庭でも、再現しやすい方法で
作ってみました。

材料（流し型11㎝×14㎝　1台分）

お好みの季節の野菜
　プチトマト
　オクラ
　えんどう豆
　とうもろこし
　アスパラ etc…
十倍出し…大さじ2
（しっかり和風味がお好みの場合は
大さじ3でどうぞ）
水…300cc
粉寒天…小さじ½
塩…小さじ¼強
本葛粉…小さじ2
水…小さじ2（本葛粉用）

作り方

1 生で使える野菜はお好みの形に切り、湯がくものは塩茹で、水気をよく切っておく。

2 鍋に十倍出し、水、粉寒天、塩を入れてよく混ぜながら中火にかけ、沸騰して粉寒天が溶けたら、同量の水で溶いた本葛粉を入れ、5分程混ぜながら煮溶す。

3 流し型に野菜を並べ、2をゆっくり半量流す。

4 しばらくして少しずつ固まりかけてきたら、再び野菜を上から並べ、残りの液をゆっくり注ぐ（このとき残りの液が固まっていたら、スプーンで混ぜて使う）。

5 4が冷めて全体が固まったら、冷蔵庫へ入れしばらく冷やす。

＊十倍出しがない場合は、昆布と鰹節の濃い目の出しに、塩をひとつまみ入れて代用可。

「胡麻豆腐」

こちらも、イタリアの食科学大学の
学生受け入れの際に
ご協力くださった料理人、
今村規宏さんの逸品です。
今村さんが学生たちのために
作ってくださった、
胡麻豆腐のみのお椀。
その美味しさに、
参加した全員が
驚嘆の声をあげました。
手順はシンプルですし、
良質な昆布あっての一品ですので、
本書でもご紹介致します。

材料（流し型12㎝×7.5㎝　1台分）

昆布出し…400cc
洗い胡麻*…125g
吉野葛…40g
塩…小さじ½
*胡麻ペーストなら75g
ただし、焙煎した胡麻なので、
出来上がりが茶色くなる

吸い地用

昆布と鰹節の出し…100cc
塩…少々
薄口醤油…適量

作り方

1 昆布出しと洗い胡麻を混ぜ、ミキサーにかけてできるだけ目の細かい漉し器で漉し、最後は搾り取る。

2 吉野葛と塩をボウルに入れ、少しずつ1を入れて溶かす。

3 もう一度、漉し器にかけ、鍋に入れて加熱して練る。

4 沸騰して5分くらい練り続け、熱いうちに流し型に入れて、冷めたら胡麻豆腐の出来上がり。

5 昆布と鰹節の出しに、塩で味を調えて、薄口醤油で香りをつけ、吸い地*にする。

*吸い地…吸いもの、椀もののつゆのこと。椀づゆ、吸出しとも呼ばれる。

白菜とパンチェッタのスープ煮

昆布と鰹節の出しは、
日本料理の王道です。
鰹節の代わりにイタリアの
塩漬け熟成豚「パンチェッタ」を使えば、
素晴らしいスープストックにもなります。
添加物のない良いパンチェッタは
なかなか手に入り難いので、
思い切って作ってしまいましょう。
東欧雑貨の輸入販売「チャルカ」店主の
久保よしみさんに、
パンチェッタの作り方を
教えていただきました。
塩漬けにした豚バラ肉を
脱水シートを使って一ヶ月ほど
熟成させます。
長期間待つ価値のあるうまみです。

材料（2人分）

白菜…¼ヶ
パンチェッタ…50g
昆布出し…500cc
塩…小さじ1
コショウ…少々（お好みで）

作り方

1 鍋にざくざくと切った白菜を入れ、あいだにパンチェッタを入れて2層にする。

2 昆布出しを注ぎ、塩を入れ強火にかける。

3 2が沸騰したら、弱火で約10分程煮る。

4 お好みでコショウを少々。

1. 豚バラ肉のかたまりに、重量に対して4%の塩を擦り込み、網を置いたバットの上で2日程度寝かせる。

2. お好みのハーブを適量、豚バラ肉と共に脱水シートで巻いて冷蔵庫に。

3. 4、5日に1回脱水シートを交換する。

4. 約1ヶ月で出来上がり。

「Bún chả（ブンチャー）」

北ベトナム版ひやそうめん
「Bún chả（ブンチャー）」。
たくさんの生野菜や肉類も
一緒に食べられる点で、
栄養面で優れていると
言えるかも知れません。
しかし、難点は
つけ汁に大量の砂糖を使うこと。
昆布出しを使うことでカドが取れ、
砂糖の使用量を
減らすことが出来ました。
暑い時期におすすめです。

材料（2人分）

揚げ春巻き

種
- 牛ひき肉…150g
- 人参…$\frac{1}{4}$本
- 出しがら昆布…20g
- 春雨…20g
- 魚醤…小さじ1
- 塩・コショウ…少々

- ライスペーパー（15cm）…10枚
- 揚げ油…適量

つけ汁

- 魚醤…100cc
- 昆布出し…300cc
- 砂糖…20g
- レモン汁…小さじ1
- コールラビー、または大根か人参…うす切り少々

トッピング用

- 豚肉…100g
- 香味野菜…たっぷり適量
（せり、三つ葉、パクチー、サニーレタス、ハーブ）
- ナッツ…適量
- *「ブン（ベトナムの米粉の細麺）」…200g

*ブンは、そうめんでも代用可

作り方

1 人参、出しがら昆布は細切りにし、揚げ春巻きの「種」をボウルに入れ、よく混ぜ合わせる。

2 水で戻したライスペーパーに1の「種」をのせて巻き、美味しそうな揚げ色がつくよう揚げる。

3 ナッツはローストし、ザクザク切る。香味野菜は洗って食べやすい大きさに切る。

4 つけ汁の材料をよく混ぜ合わせる。

5 うすく切った豚肉をかりかりに焼き、コールラビー、または大根、人参を食べやすい大きさにスライスして4のつけだれに入れる。

6 ブンを湯がく。
（常温で食べるとさらに美味しい）

7 つけ汁にナッツ、香味野菜、春巻きを入れ、ブンをつけ共に食べる。

昆布粉 Biscotti

昆布はお菓子にも使えます。
イタリアの
ビスコッティの生地に
昆布の粉を練りこんで焼きました。
イタリアの学生達も、
美味しそうに食べてくれました。

材料（8cm×1cm 1かたまり分）

a
- 薄力粉…125g
- 昆布粉…5g
- 砂糖…35g
- ベーキングパウダー…小さじ1/4
- 塩…ひとつまみ

煎り黒豆…30g

b
- 豆乳…55cc
- 油…25cc

作り方

1 aの薄力粉をふるい、ボウルにaの全ての材料を混ぜ合わせる。

2 1に煎り黒豆を入れさっと混ぜる。

3 bの豆乳と油をよく混ぜ合わせる。

4 2のボウルに、3の水分を入れ、切るように混ぜ合わせ、手早く1つにまとめる。

5 8cm程のなまこ型に形をつくり、200℃のオーブンで30分焼き、粗熱をとる。

6 1cm幅にカットし、片面を170℃のオーブンで15分、裏返して再び15分焼いて、出来上がり。

「鯛骨カペッリーニ」

イタリアンのシェフでありながら、
お店でラーメンも深夜、予約制の
裏メニューとして提供される
「CAPITOLO ２：CIVETTERIA O
DANDISMO」の藤田俊之さん。
スープは、こんぶ土居の天然真昆布と
天然鯛の骨がベースです。
麺はイタリアンのシェフらしく、
中華麺ではなく
極細パスタのカペッリーニ。
シンプルな材料で、
驚くほどクリアな
美味しいラーメンが完成します。
家庭用に少しアレンジを
加えています。

材料（２人分）

昆布…10g
水…１６００cc
*鯛の中骨…約30cmサイズ４匹分
（頭もあるなら２匹分で充分）
純米酒…50cc〜１００cc（あれば）
タイム…４枝
塩…少々
セロリ…軸のみ
エクストラバージンオリーブオイル…10cc
カペッリーニ…１４０g

*鯛は、可能なら天然物が望ましい

作り方

１ 鯛の骨を熱湯にさっとくぐらせて、霜降りにし、血合いをブラシ等で丹念に取る。
*鱗は最後に濾してもよい。

２ 鍋に昆布と水であらかじめ出しを取り、鯛の骨を加えて強火にかけ、アクを取りながら、８００cc残るくらいになるまで煮詰めて目の細かいザルで漉す。
*純米酒を加えておくと、風味はさらに良くなる。

３ タイムを入れ、さらに10分程度、弱火で煮込み、最後に塩で味を調える。

４ セロリの軸の部分を、細かく刻んだものと、エクストラバージンオリーブオイルと共に丼に入れ、スープを注ぐ。

５ ３分ほど茹でたカペッリーニを加える。
☆お好みで、ゆでたまご、海苔、すだち1個などを入れるとさらに美味しくなります。

お好み焼き

真昆布の産地、北海道函館にある
「函館市立磨光小学校」で
三代目土居成吉が
食育授業を始めて15年が経ちました。
2007年からは、
真昆布で出しを取ったお好み焼きを
小学生に作って食べてもらっています。
その趣旨に賛同し、
お好み焼きのレシピを惜しげもなく
ご提供くださった、
レストラン「豚玉」の今吉正力さん。
良い材料とプロのコツで、
とても美味しいお好み焼きが作れます。
まずは、ソースを付けずに
食べてみてください。

材料（2人分）

キャベツ…180g
（切りたて230g）

生地
- 薄力粉…36g
- 昆布と鰹節の出し…36cc
- 長芋…10g
- 塩…ふたつまみ

天かす…24g
紅しょうが…4g
卵…Lサイズ2ヶ
豚ばら肉うす切り…2〜4枚

作り方

1 キャベツを粗いみじん切りにしてザルに入れ、冷蔵庫に。そのまま数時間おいて、適度に水分を蒸発させる。

2 薄力粉を昆布と鰹節の出しで溶き、塩とすりおろした長芋を加えて混ぜる。

3 2にキャベツ、天かす、紅しょうが、卵を入れて再び混ぜる。

4 熱した鉄板に油を引き、生地を流し込んで丸く形を整える。

5 豚ばら肉うす切りを乗せて、裏表それぞれ10分ほど焼いて、出来上がり。

「鯵の押し寿司」

創業百七十年余りの老舗、大阪寿司の「吉野鯗《よしのすし》」、七代目御主人の橋本卓児さんが、レシピをご提供くださいました。その伝統に根差した美しさに感動します。本来は型で押して作りますが、家庭でも作りやすい巻きすでの方法を教えていただきました。

材料（2人分）

鯵…1尾
塩…適量
米酢…適量

すし飯

米…2合
昆布出し…360cc
米酢…50cc
砂糖…35g
塩…小さじ2
みりん…小さじ1と1/4

白板昆布*…1枚
大葉…2～3枚

*白板昆布はなくてもよい

作り方

1 鯵を水洗いし、三枚におろす。
2 全体に塩をまんべんなくまぶし、25分～40分待つ。
3 鯵についた塩を洗い流す。
4 鯵をバットに入れ米酢に15分浸す。
5 鯵についた酢をキッチンペーパーなどでふき取り、身に残った骨を骨抜きで抜き、皮を手で剥く。
6 皮目を下におき、まな板と平行に包丁を入れ、半分の厚みに切る。
7 米2合に通常お米を炊く量の昆布出しを入れ炊飯器で炊く。
8 米酢、砂糖、塩、みりんを混ぜ合わせ、合わせ酢を作る（できれば、常温で）
9 お米が炊きあがったら、25分程度蒸し桶にご飯を移す。そして酢をまんべんなくかけ、手早く混ぜたら、うちわなどであおいで冷ます。
10 巻きすの上にサランラップを広げる。
11 あれば白板昆布を広げて鯵の直線になっている方を外側にして並べる。
12 中心に大葉を挟んだすし飯を、棒状にまとめて乗せる。
13 ラップで包み、巻きすの上で裏返す。
14 形を整え、食べやすい大きさに切れば出来上がり。

扁炉（ピエンロー）

中華料理にも昆布出しを。
舞台美術家の妹尾河童が広めた
中国の鍋料理「ピエンロー」。
オリジナルレシピには昆布を
使いませんが、
入れると断然美味しくなります。
とても簡単です。
美味しい胡麻油を用意して、
寒い季節にどうぞ。

材料（2人分）

白菜…¼ケ
豚ばら肉うす切り…150g
手羽先…4本
干し椎茸と昆布の出し…1ℓ
春雨…60g
胡麻油…50cc
（できれば、香りの良い
濃口がおすすめ。）
塩…小さじ½×2（各お皿分）
一味…少々

作り方

1　白菜、豚ばら肉うす切りを食べやすい大きさに切る。
2　鍋に1と手羽先、（出しで使った）干し椎茸の軸を切ったもの、さらに、出しを入れて強火にかける。
3　春雨をもどしておく。
4　2の野菜がくたくたに煮えたら、3の春雨を入れ、胡麻油を全体にまわし入れる。
5　器に、塩を入れ、2で炊いてでた煮汁を注ぎ、一味を入れ、少々濃い目のつけだれを作る。
6　5につけて食べる。

昆布のバルサミコ和え

出しを取った後の
昆布の利用法に困るとの声を
いただくことがあります。
佃煮などが一般的ですが、
お酢に漬けると
歯ごたえがシャッキリと
美味しくなります。
米酢でも黒酢でも何でも良いのですが、
今回はバルサミコ酢に漬けてみました。
箸休めや、
サラダに混ぜても美味しいです。

材料（2人分）

バルサミコ酢…大さじ1
醤油…小さじ1
出しがら昆布…1枚（50g）
ケイパー…小さじ1

作り方

1 ボウルにバルサミコ酢と醤油を入れてよく混ぜる。

2 出しがら昆布を、縦5cm程に切り2～3mmの千切りにする。

3 2の昆布を1に入れて全体にからめ合わせ、あればケイパーを加えて出来上がり。

本書で使用した器のこと

本書レシピに登場する器は、思い入れがあるものが多く、美味しいご飯をより美味しそうに見せてくれています。作家の方々が精魂込めて作り上げた器。その一部をここでご紹介します。

土居家所有の器より

カバー 塩昆布／読谷山焼〈大嶺工房 大嶺由人作〉
P28 和風ロールキャベツ／読谷山焼〈大嶺工房 大嶺實清作〉
P38 ママさんの上手なパン／読谷山焼〈山田真萬作〉
P40 ほたて昆布／読谷山焼〈山田真萬作〉
P41 和風コーンスープ／三重菰野〈奥三十郎作〉
P62 昆布出しカレー／〈故・納谷幸喜（元横綱大鵬）氏から〉

吉野鯗《すし》所有の器より

P92 鰺の押し寿司／織部焼〈有松進作〉

料理家 森智恵子さん所有の器より

P32 ふりかけ／〈和歌山 森岡成好作〉
P33 なます／〈和歌山 森岡成好作〉
P42 えのき昆布／珠洲焼〈中山達磨作〉
P50 カレイの煮付け／〈和歌山 森岡成好作〉
P64 味噌ニャカウダ／〈滋賀 市川孝作〉
P72 ピクルス／ガラス〈飛騨高山 安土忠久作〉白磁小皿〈和歌山 森岡由利子作〉
P96 昆布のバルサミコ和え／白磁高坏〈和歌山 森岡由利子作〉

ぴあ編集者 和久田善彦さん所有の器より

P82 白菜とパンチェッタのスープ煮／小代焼〈ふもと窯 井上尚之作のスリップウェア〉

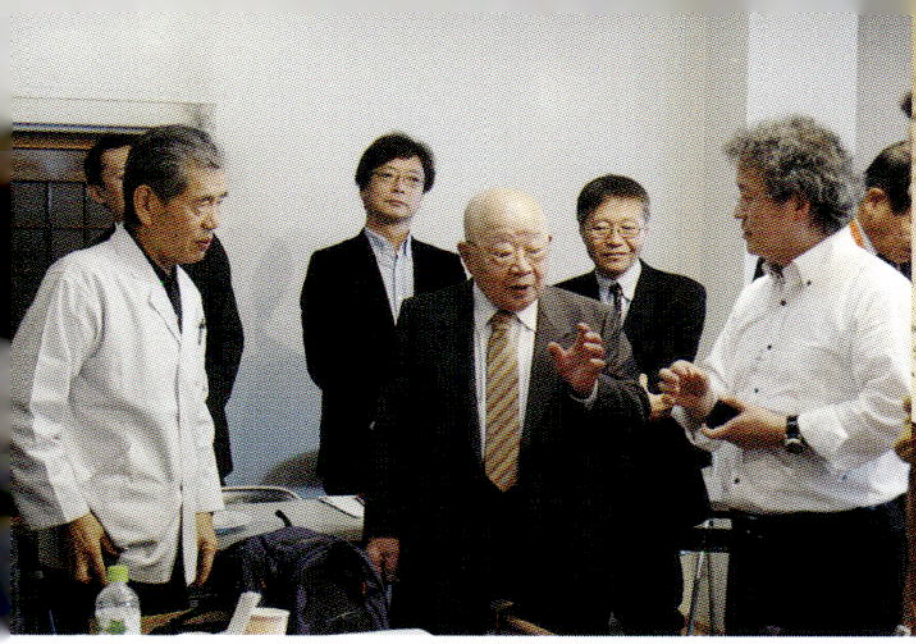
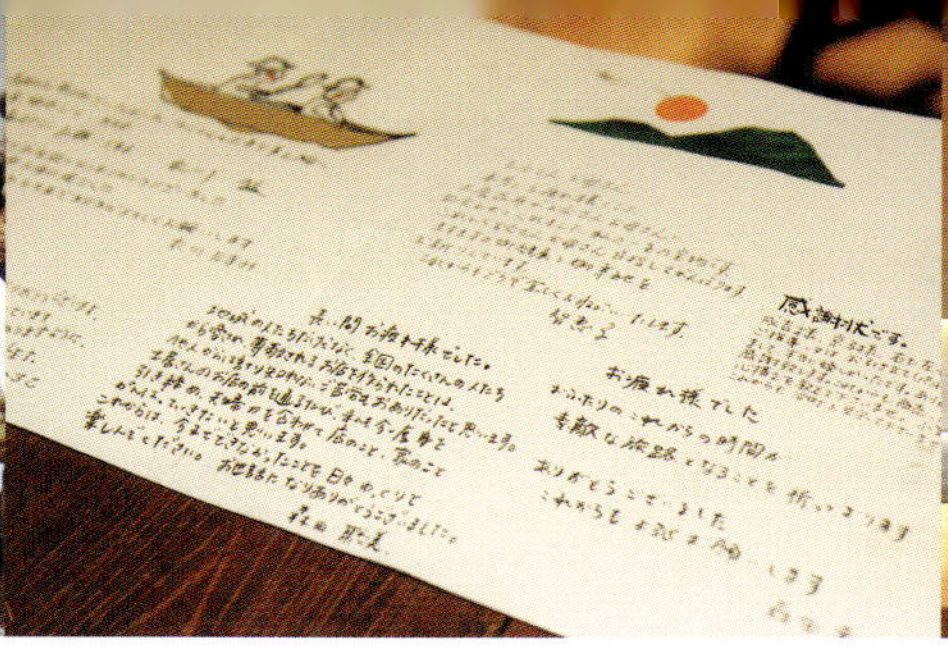

土居家を
応援してくれる人たちと
これからのコミュニティ

70 歳を過ぎ現役を引退して、危惧していることがあります。それは今の食の現状が
あまりにもひどいということです。こんな食事をしていて大丈夫かなと心配です。
反面、頼もしく思っていることもあります。
一部の若者たちの感覚や行動が素晴らしいということです。ひと昔前には
あまりなかった形の心強いコミュニティを構成している人たちがおられます。

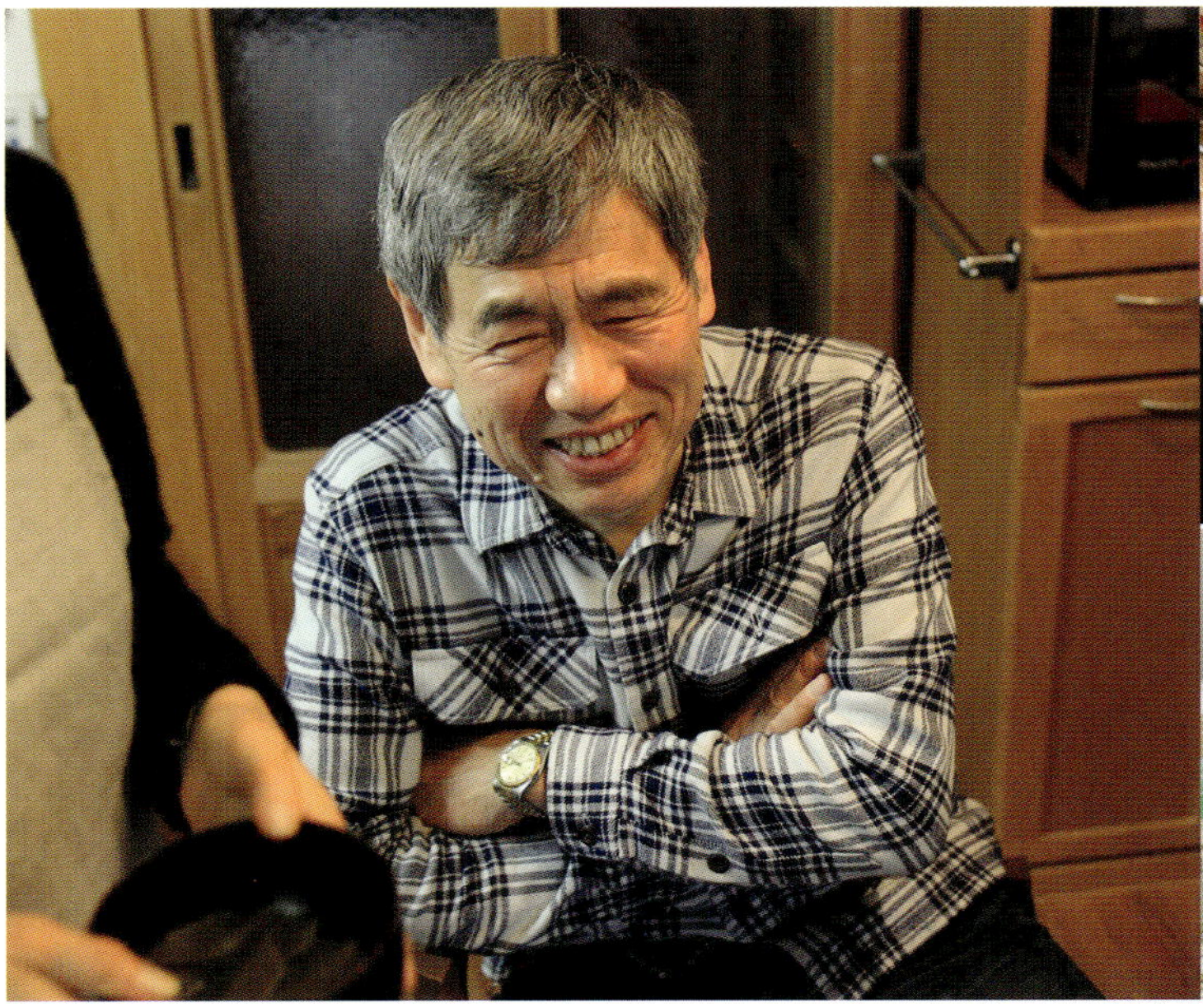

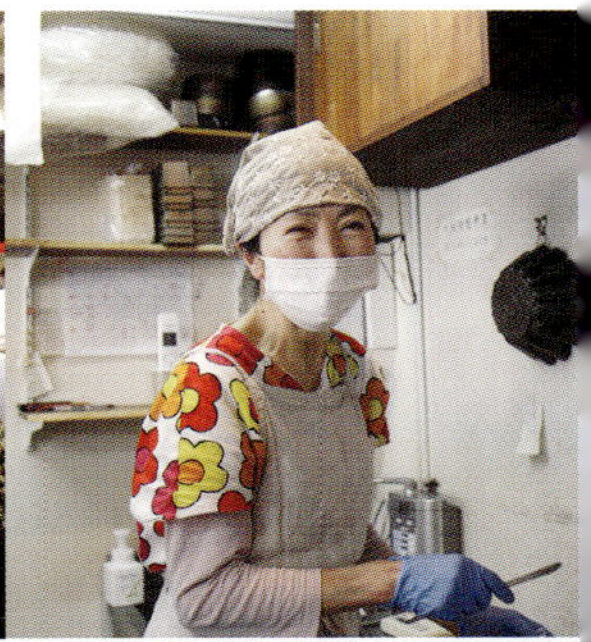

暮らしを豊かにするコミュニティ

価値観で繋がる

土居家は人間関係に恵まれていると思います。例えば、近所の料理研究家の森智恵子さん、イラストレーターの森ひろこさんの姉妹は、この本でも調理やイラストなどで大活躍してくれました。森家は、もとはこの近所に住んでおられました。智恵子さんたちは小さい頃お使いでよく昆布を買いに来てくれていました。子ども心に当店を気に入ってくれていたそうです。その後引っ越しされて交野市で住まれましたが、やがて、姉妹は独立し再びこの近所に住みだします。そして、お父さん、お母さんと私たちを呼んでくれてよく遊びに来てくれます。というよりこちらがお世話になっています。

その他にもこの本を作るにあたって協力してくれた人たちが何人かおられます。この人たちは、私よりはるかに若い人たちです。近くにおられても、いわゆる近所づきあいという関係ではありません。世代が違っていても、同じ価値観があればすぐに親しくなれます。また、いろんな人を紹介され、「あれっ！つながっていますね！」ということもよくあります。

お客さんとして来ていただいていた「スタンダードブックストア」（＊注1）の中川和彦さんともすぐに親しくさせていただくことができました。中川さんの紹介で、この本の編集者であるぴあの和久田さんとインセクツの松村さんと知り合いになりました。そこからはあっという間に本づくりの話が進んでいきました。一体どんな内容にするのかとお聞きすると、こんぶ土居がこれまで取り組んできたことや、家内や息子の料理のレシピにしたい、と言われました。そんなのでいいのかなと思っていましたが、ある程度でき

てきたとき、私が言うのも変ですがなかなか良い内容になっていたのです。料理も美しく撮影されていました。撮影は、仲間が遊びに来ているような雰囲気の中で楽しく協力しながらやってくれていました。

この人たちとこんぶ土居の関係は何なんでしょう?

＊　＊　＊

これからのコミュニティ

「IPP」（＊注2）にこんぶ土居の映像作品を作っていただいたとき「あとに続く人たちへのメッセージは何でしょうか」と、二宮宏央《ひろお》監督にインタビューされました。「大事なのはコミュニティだと思います」と私は答えました。

過去の時代のコミュニティといえば、血縁、地域、同業者が主なものです。趣味の仲間や同窓生などはコミュニティではなくサークルです。大会社などは組織でしょう。私の若いころ属していたコミュニティも地域、同業者でした。だけどそれに興味を持ち続けることはできませんでした。

前述の「良い食品を作る会」（P18参照）はコミュニティとして満足できるものでした。学ぶことが多くありました。しかし残念なことにこのコミュニティが徐々に変質していき、ついに解散します。１９９３年のことです。この会をなくすことは社会にとっても損失だと思い、少しの仲間たちと研修会の性格を持つコミュニティを作りました。そして間もなく、酒井正弘さん（中央葡萄酒前副社長）とともに新しい「良い食品づくりの会」の立ち上げに奔走します。酒井さんの卓越した倫理感、組織力と、我々に理解を示していただいた元東京水産大学学長、故・天野慶之先生、元高知大学名誉教授、故・志水寛先生らのご協力がなければできなかったことです。私もこの会のコミュニティとしての必要性を強く感じていたから頑張れたのだと思います。

同じころに大阪料理界の重鎮、上野修三さんと出会います。上野さんは〝大阪の料理人、頑張ろう。野菜を作ってくれている人を応援しよう〟と常に考えておられました。上野さんの勉強会で知り合った、「居酒屋ながほり」の中村重男さんも同じような考えで、意識の高い料理人の相互研修の場を作られていました。そこに顔出しさせてもらうことにより、料理人のコミュニティに入れていただくことになります。一流料理人たちに出会えたことは大きな収穫です。

ここまで話すとお分かりいた

＊注1
心斎橋、茶屋町、あべのと現在大阪に3店舗ある。著者のトークショウをはじめ、本やカルチャーにまつわるアイテムの販売。また、併設のカフェスペースに購入前の本を持ち込めたりする、お客さんにとって嬉しい店です。

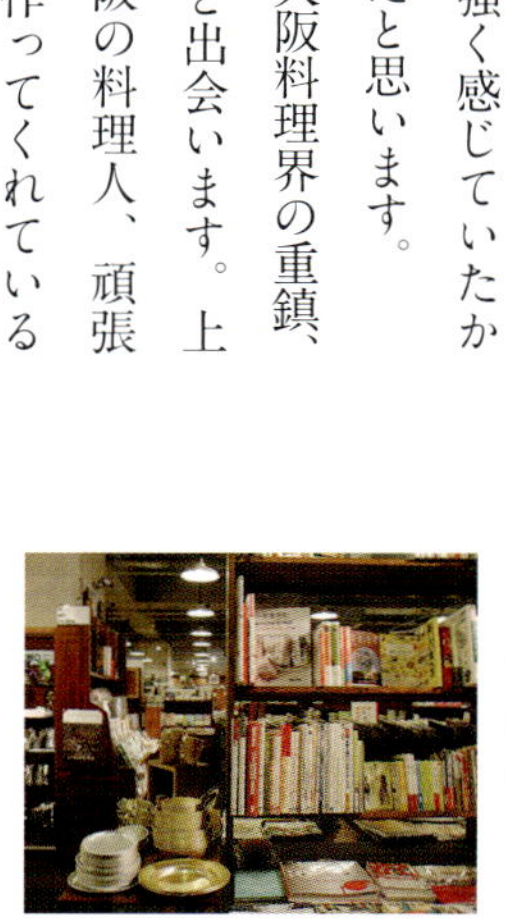

※上記店舗は閉店し下記に移転（2021年3月現在）
大阪市天王寺区堀越町 8-16 TENNOJI BASE 1F&2F

＊注2
Inspiring People & Projectsのことで、映像制作会社「チャンスメーカー」が各分野で頑張っている人たちを動画で撮影し、応援している非営利のプロジェクトのことです。P64参照。

だけると思いますが、コミュニティとは共通の価値観を持った人たちが、お互いに学ぶことができ、互助精神が働くことが必要です。

　その後私が人生の終盤に近づいてから、食の世界以外での凄いコミュニティを知ることになります。「D&DEPARTMENT」（＊注3）のナガオカケンメイさんとの出会い、「スタンダードブックストア」の中川和彦さんとの出会い、その紹介による「graf」（＊注4）の服部滋樹さんとの出会いです。さらに、四代目がお世話になっている「チャンスメーカー」の岡田真紀《まさき》さん、二宮宏央さん、印藤正人さん。これらの人たちは、私が過去にあまり知らなかった世界で活躍されています。この人たちの世界を表現する言葉が思いつきませんが〝デザイン〟で良いのではないかと思います。デザインという言葉は、単なるモノのデザインだけでなく、デザインされた生き方という使い方もされています。

　この世界は広く、一流の職人たちやこれに共感する意識の高い若者たちも含まれます。このコミュニティは「良い食品づくりの会」と同じく世の中をよくする可能性を持っています。今後は食とデザインという二つのコミュニティが共に学び合うことが出来れば、社会に大きな影響を与えることができると確信します。

　ナガオカケンメイさんはこのことにいち早く気づき、「良い食品づくりの会」に入会し、渋谷のヒカリエにある「D47食堂」でこの二つの世界をみごとに表現されています。

　数少ない同世代の友人、岡畑精記さんは和歌山県出身で、〝審美眼を持つ実業家〟と私は言っています。岡畑さんの紹介で知った稀有な才能を持つ作庭家、武部正俊さんもすごい人です。どんなすごさかは、一言では表現できません。〝デザイン〟の世界に、〝武部正俊の世界〟を取り込めば、より輝きを増すことはま

＊注3
ナガオカケンメイさんの率いる「D&DEPARTMENT」。ロングライフデザインをテーマに、使い続けられる生活雑貨を販売。レストランも運営し、食の安全にも配慮したメニューが並ぶ。

※閉店（2021年3月現在）

＊注4
大阪のクリエイティブユニット。家具の製造販売に留まらず、町や活動の場づくり、マーケットの開催など活動の幅が広い。先日、鳥取と台北を紹介するイベント「鳥取台北－Design and Craft Hunting」にこんぶ土居も協力。

ちがいないと思います。

　そして、コミュニティに属するには、心得ないといけないことがあります。互助精神といっても甘えることはできないということです。だれかが助けてくれるものでもありません。学ぶといっても誰かから直接教えてもらうものでもありません。他の人の行動から学ぶのです。同時に自分も人から学んでもらえるように常に向上しなければなりません。そしてコミュニティの外にいる人に向かって情報を発信して、ここに入ってこようとする人には手を差し伸べる必要があります。

　これからの時代を生きる人たちは、食事に気をつけて、家族という最小のコミュニティを大切にしながら、少しでも世の中に役に立ち、良いコミュニティに属して楽しく暮らしていってほしいと思っています。

本書レシピに関するご協力店

たこりき
大阪府大阪市中央区瓦屋町
1－6－1
☎ 06-6191-8501
営業時間：
平日／ 15:00 ～ 23:00
土･日･祝／ 12:00 ～ 23:00
定休日：火曜
http://www.takoriki.jp/

豚玉
大阪府大阪市中央区高津
1－6－1
☎ 06-6768-2876
営業時間：18:00 ～ 23:30
定休日：月・第2日曜

一吉
大阪府大阪市中央区谷町
8－2－6　幸福相互ビル1F
☎ 06-6762-2553
営業時間：11:00～18:30
金曜／～18:00　日曜･祝日／～17:00
定休日：月曜（日曜･祝日は不定休）
http://www.hitoyoshi-monaka.jp/

vin voyage
大阪府大阪市中央区谷町
7－1－34　Y'sパレス谷町1F
☎ 06-7172-7669
営業時間：
18:00～翌2:00（LO 翌1:30）
定休日：火曜
http://t6voyage.blog.fc2.com/

チャルカ
大阪府大阪市中央区瓦屋町
1－5－23
☎ 06-6764-0711
営業時間：13:00 ～ 18:00
定休日：月･火曜
http://www.charkha.net/

CAPITOLO 2：CIVETTERIA O DANDISMO
大阪府大阪市西区新町
1－11－9　2F
☎ 06-6541-0800
営業時間：
18:00～日によって異なる
定休日：日･月曜
http://cuocovu.blog76.fc2.com/

吉野鯗（よしのすし）
大阪府大阪市中央区淡路町
3－4－14
☎ 06-6231-7181
営業時間：
10:00～18:00（持ち帰り）
定休日：土･日･祝
http://www.yoshino-sushi.co.jp/

整体と暮らしのギャラリー nara
大阪府大阪市中央区上町
1－28－62
☎ 06-6191-1121
営業時間：平日／11:00～19:00
土･日･祝 ／～18:00
定休日：月曜（祝日の場合翌日休）
http://nara0317.exblog.jp/

※「豚玉」「vin voyage」は閉店（2021年3月現在）

こんぶ土居の歩み

初代の土居音七は、淡路島の出身です。幕末の歴史の経緯から、当時の淡路島出身者には昆布に関係する仕事に従事する者が多かったようです。音七も昆布屋を志し、明治の中頃に大阪へ出て、小倉屋山本で修行に入りました。当時の様子は、山崎豊子著「暖簾」でも知ることができますが、主人公の吾平の兄弟子が音七だったそうです。その後、暖簾分けを許された音七は、１９０３年に大阪の蜆橋《しじみばし》（現在の梅田新道あたり）で念願の自分の店を持つことになりました。ところが、創業からわずか6年後の１９０９年、音七に困難が降りかかります。「北の大火」と呼ばれる大火事が創業間もない店を焼いてしまったのです。消失面積37万坪、罹災者数４５０００人という未曾有の大災害でした。失意の音七は、郷里の淡路島に一時身を寄せます。

　その後再起を期して大阪に戻ってきたものの、店のあった場所は別人の手に渡ってしまっていました。そこで移転を余儀なくされ、賑やかな商店街であった空堀に再び店を構えることになりました。それ以来こんぶ土居は、現在に至るまで空堀の地で営業を続けています。二代目の太一郎の頃は、戦争の続

く大変な時代でした。

　太平洋戦争では一面焼け野原になった大阪ですが、幸いにも空堀エリアは大阪城に近かったため例外的に戦火を免れ、店は私の父である三代目成吉に引き継がれることとなります。あまり体の強くなかった二代目から若くして店を継ぐことになった父は、多くの苦労をしてきたようです。時代は高度成長期で、食品業界にめまぐるしい変化がもたらされました。産業規模の拡大に伴い、様々な食品添加物が使われ始めたのもこの時代です。北海道の昆布生産現場においても養殖技術の実用化や機械乾燥が始まり、様々なことが大きく変化しました。そんな中でもこんぶ土居では、常に「良い食品」を消費者に届けることだけを考えて製品づくりに励んできました。そんなことですから、百年続けても店はちっとも大きくはなりません。しかし、少数ながらも本物をご理解いただける方々に支えられ、今日まで営業を続けることができました。そして、昨年を以って、三代目である私の父が半世紀近く続けた仕事を引退しました。自分の信念に従って働き続けた昆布屋人生に、本人は非常に満足しているようです。

　そんなこんぶ土居も今年で111年目を迎えます。三代かかって築いた礎の上で、それを発展させるのも廃れさせるのも四代目の私次第であるわけですが、今は悪い時代では無いように思っています。時の試練を経た伝統には強い力がありますし、本物を理解する方々も増えてきています。これまでこんぶ土居を支えて下さった方々の暖かくも厳しい目を意識しつつ、日々の仕事を続けていきます。

南茅部《みなみかやべ》の昆布生産者とこんぶ土居の関係づくり年表

消費地の加工販売業者は産地との交流をしないのが業界の慣例でした。しかし、昆布品質の異変を感じ、原因の探求と改善のために意を決して産地訪問をしました。そのおかげで、信頼関係も強くなり、思いもよらなかった成果が現れて来ています。

こんぶ土居の活動＝青字／こんぶ土居に関する出来事＝黒字

年	主なできごと
1982 昭和57年	三代目成吉が初めて、単独で川汲漁協を訪問（1）
1986 昭和61年	平凡社「太陽」にこんぶ土居が掲載（2）
1990 平成2年	テレビ番組「徳光和夫のTVコロンブス」にこんぶ土居と川汲浜が登場（3）
1994 平成6年	地場産業の安全を祈願して川汲地蔵を奉納（1体目） ※㈱加島屋社長（当時）加島長作さんのアドバイスによる
1995 平成7年	川汲地蔵を奉納（2体目）
1999 平成11年	NHK「全国うまいもの名鑑」でこんぶ土居が登場
1999 平成11年	南茅部町立（現・函館市立）磨光小学校にて食育の授業をはじめる（4）
2000 平成12年	漫画「美味しんぼ」に掲載（5）
2003 平成15年	川汲地蔵10体目完納
2004 平成16年	四代目純一が夏の昆布漁の最盛期に約10日間、漁の手伝いをはじめる（6）

（1）
共販制度という流通形態の下、業者の産地訪問は業界内ではタブーとされていた。そんな中、こんぶ土居三代目土居成吉が初めて、単独で川汲漁協を訪問。

（2）
故・平澤正雄さんによる現地での丁寧な取材、そして、その川汲浜の現状を伝えた記事で、昆布生産者とこんぶ土居の信頼関係の土壌ができた。

（3）
CMディレクター・エッセイスト・檀太郎さんの紹介で同番組は映画「セーラー服と機関銃」などで有名な映画監督・故・相米慎二さんがテレビ初監督をした。また、同番組で川汲浜も取材され放映。

（4）
小学5年生を対象にスタート。

（5）
吉本興業の野山雅史さんの紹介による。磨光小学校でも漫画「美味しんぼ」を教材にした食育授業を開始。

「美味しんぼ」77巻（小学館ビッグコミックス）より　©Tetsu Kariya・Akira Hanasaki

大阪の味は昆布の味だとおっしゃいましたが、土居さんのような方がいてこそ、昆布は本領を発揮して美味しくなるのです。
昆布の本領を発揮させたのが、大阪の食文化なんですね。

（6）
世界初の昆布養殖の基礎を築き南茅部の漁業に多大な貢献をした故・吉村捨良さんと寝食を共にし、船に乗る。このお手伝いはその後も継続。

平成17年

ドミニク・コルビさん（当時ホテルニューオータニ大阪「サクラ」総料理長）の案内で、ミシュラン3つ星、パリの「ピエール・ガニェール」オーナ・シェフのピエール・ガニェールさんが来店(7)

平成18年 2006

磨光小学校での食育にて、真昆布出しのお好み焼きを作る授業を開講

平成19年 2007

南茅部高校の昆布漁業後継者候補の生徒が、秋の修学旅行の一環でこんぶ土居へ来店(8)

平成20年 2008

南茅部高校で、四代目が全校生徒に向けた講演会を行う

南茅部高校修学旅行で有志5名が来店

磨光小学校での食育が10年目を迎える

平成21年 2009

南茅部高校の修学旅行で全員が来店(9)

平成22年 2010

産地に「楽しい暮らし」の提案をはじめる

平成23年 2011

教職員共済生活協同組合発行の「教職員共済だより」（2011年新年号）の特集で、磨光小学校の食育の様子が掲載される

南かやべ漁協共同組合川汲支所青年部有志4名が消費地視察として来店

磨光小学校須藤校長より長年の食育に対して感謝状が贈られる

平成24年 2012

14年目となる食育の授業を雁屋哲さん夫妻が参観。

同日、南茅部公民館で「昆布の価値について」という演題で雁屋哲講演会を開催

平成25年 2013

映画「空想の森」の上映会を川汲会館にて開催(10)

食育の授業が15年目

3代目成吉引退の記念に大漁旗が川汲支部から贈られる

(7)

南茅部の昆布の魅力を伝え、天然真昆布の出しについて、ピエール・ガニェールさんより高い評価を受ける。NHK「世界を駆ける日本料理」にてその模様が放映された。

(8)

小学生のときに食育の授業を受けた生徒もおり、食育の成果を実感する。NHK「産地発！たべもの一直線」のこんぶ土居取材の際に、川汲浜の取材も要請。また、南茅部の昆布で出しをとり、その出しで作るたこ焼きで生徒をもてなす。その際、レストラン「豚玉」、日本料理「伊万邑」、蕎麦「蔦屋」の3店が協力、さらに、「美味しんぼ」の原作者・雁屋哲さん、写真家・鴻上和雄さんも応援に駆けつける。産經新聞（北村博子記者）、朝日新聞（関根和弘記者）にもその様子を伝える記事が掲載される。

(9)

日本料理「伊万邑」と「大阪名物」の共著者・団田芳子さんも協力に訪れ、空堀商店街のたこ焼き店で真昆布出し入りのたこ焼きが食べられるイベントを実施。

(10)

平成23年より続けている「楽しい暮らし」の提案の一環として、幸せな暮らしとはどのようなことかを考える機会としては最高の映画。田代陽子監督作。

こんぶ土居の製品づくりと商品表示は、ひと味違います

こんぶ土居の製造現場には、一切の食品添加物が存在しません。化学調味料や酵母エキス等のうまみ調味料もありません。今後も使いません。原材料はすべて国産品を使っています。原材料の原材料、例えば醤油で言えば大豆や小麦まで遡っても、ほとんどすべて国産品です。やはり国産品は安心です。海外のものの方が、品質が良いから輸入品を使うのならともかく、価格が安いからという理由だけで輸入品が多用されると、日本の一次産業は疲弊します。一次生産者から消費者まで、日本の食に関わるすべての人達が良い関係でつながることが望ましいと思います。こんぶ土居では今後も良い原料を探し続け、営業活動や広告宣伝などにはできるだけ経費をかけず、可能な限り低価格で販売したいと考えています。

最近では、私共の考えを理解してくださる方々が増えているのは嬉しいところです。例えば、外国の食品販売業者からもこんぶ土居製品を取り扱いたいとのお申し出を受けたり、国内でもこれまで食とあまり深い関係のなかった分野の方が素晴らしい活動をされることがあります。著名なデザイナーであるナガオカケンメイさんが率いる「D&DEPARTMENT」の食への取り組みは良い例です。また、こんぶ土居ではラベルのスペースが許す限り詳細な表示に努めています。なぜなら、消費者の方々に情報を提供するための表示ですから、メーカーのノウハウに触れない限りできるだけ詳しいものが望ましいと考えているからです。

例えば、本格十倍出し（400mℓ入）であれば「天然真昆布（函館市白口浜）60g、鰹枯節（鹿児島県枕崎市）30g、鰹節（鹿児島県枕崎市）30g・食塩（高知県幡多郡）10g（分量は仕込量）」、細切しおふきであれば「だし（水・鰹節・天然真昆布）42%、昆布（天然真昆布）26・6%、醤油（大豆・小麦・塩）23%、味醂（もち米・米

麹・米焼酎）3.5%、酒（米・米麹）3.5%、和三盆1.4%、全国産（仕込量）」といった具合に書いています。「これは原材料表示というよりも、もはやレシピではないか」と言われることもあります。といっても、なかなか真似をするメーカーは出てきません。真似してくれるところが出てきてくれた方が、世の中にとっては良いことだろうと思うのですが。

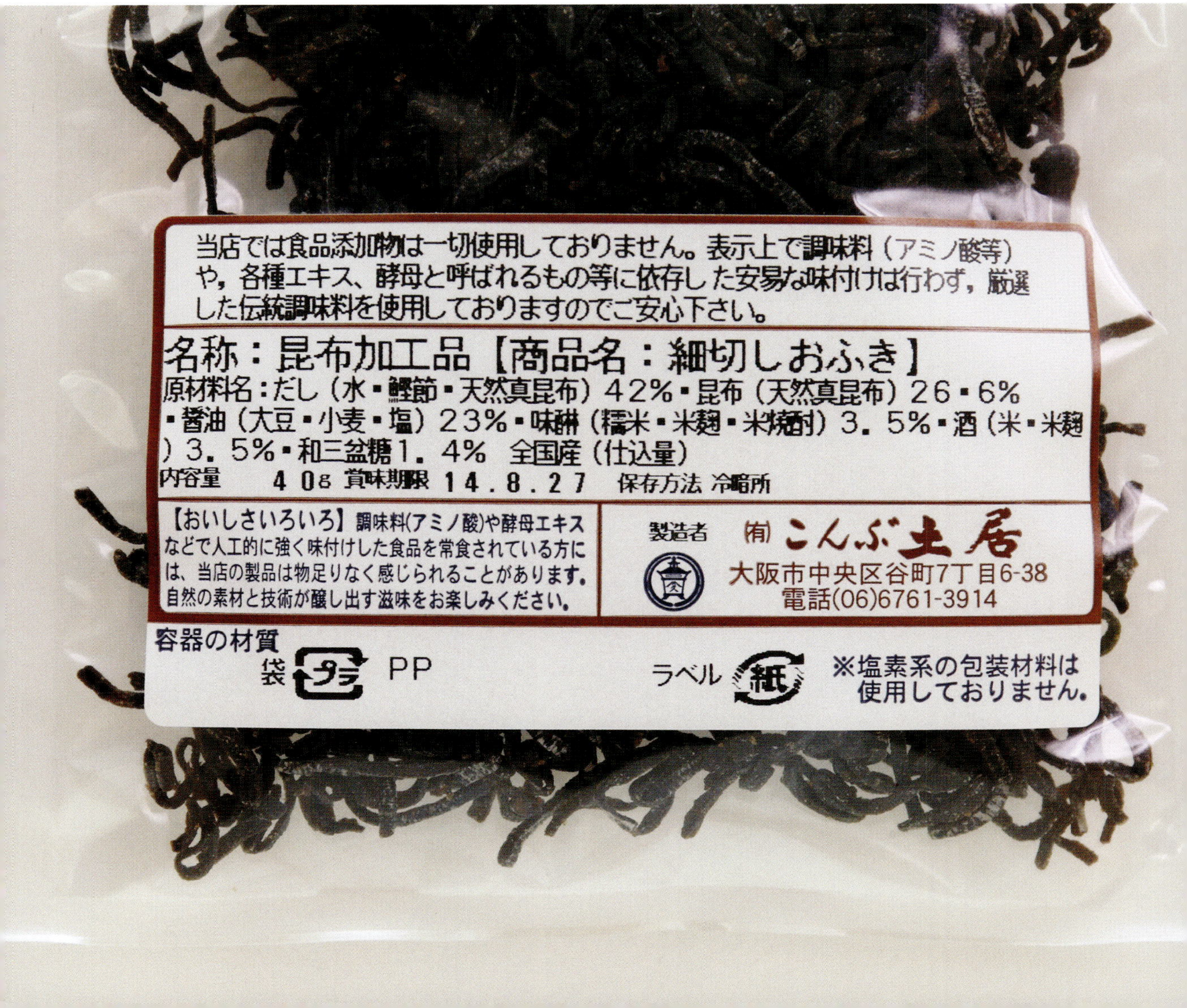

みなさんが良い食品と出会えるように

店頭に並ぶ食品は、表のパッケージに目が行きがちですが、裏も大切です。原材料表示に注目してください。みなさんの自宅の台所にもありそうな原材料ばかりであれば安心です。しかし、なんだか正体のわからない物質名がたくさん並んでいるのであれば、注意が必要です。ただ、表示では読み取れない情報もあります。例えば、ある加工食品の原材料表示を見て、そこにうまみ調味料が登場しなかったとしても、実際は含まれている場合があります。その加工食品の原材料、例えば醤油に酵母エキスやたん白加水分解物等のうま味調味料がたくさん含まれていたとしても、原材料表示には醤油と表示するだけで良いのです。酵母エキス等は、食品添加物ではなく、大豆や小麦のような原材料と同様に扱われるからです。

実際に、うまみ調味料を使っていないことを売りにしている商品から、不自然に強いうまみを感じることもあります。一般の方々がそのような情報を知る機会は少ないので、私共は情報提供や啓蒙活動が大切だと考えています。また、良い食品を作るメーカーは全国にたくさん存在しますが、売上が伸びず経営的に苦しい場合も多いようです。

社会に良いものが増えるためには、何より消費者の方々のご理解とご支持が必要です。良いものを見つけたら、自ら買い続けたり、他の人にも勧めたりしてもらえれば非常に嬉しいです。消費者とメーカーの信頼関係を維持していくことが、本物を次代に伝えるポイントだと思います。

最後に、こんぶ土居も会員である「良い食品づくりの会」が掲げる「良い食品の4条件」と「良い食品をつくるための4原則」をご紹介します。日々の食品選びの参考にしてみてください。

パントリー都島店

大阪府大阪市都島区中野町5－13－4　☎06-6929-1771
営業時間：10:00～21:30　年始のみ休

良い食品と出会う目印 その1（看板）

良い食品と出会う目印 その2（ロゴマーク）

D&DEPARTMENT OSAKA

大阪府大阪市西区南堀江2－9－14
☎06-4391-2090
営業時間：ショップ／11:30～20:00
ダイニング／11:30～24:00（LO23:00）
定休日：水曜

『良い食品の4条件』

一、【なにより安全】添加物や食品衛生の点で安心

二、【おいしい】形状、色沢、香味、食感のすべてが「本物」

三、【適正な価格】品質にてらして安い値段

四、【ごまかしがない】不当、誇張表示、過剰包装がない

『良い食品を作るための4原則』

一、【良い原料】確かな素性と、安全で良質

二、【清潔な工場】機械、設備の行き届いた手入れと清掃

三、【優秀な技術】品質を正しく見分ける眼と素材の特性を引き出す腕

四、【経営者の良心】儲けよりも品質を重んじる
「職人の心」を持ち地球環境に配慮する

良い食品づくりの会やその商品については、良い食品づくりの会のＨＰをご覧ください。販売店もそちらに掲載しています。
http://yoisyoku.org

あとがき

本書が、読んでくださった方々の健康で美味しい魅力的な食生活の一助になることを願っています。またそれが、日本の伝統的で素晴らしい食文化の発展につながるのではないかと考えています。最後になりましたが、本書を発行するにあたり、本当にたくさんの方々に協力していただきました。

編集と発行のお世話になった、ぴあ株式会社の和久田善彦さん、取材からデザイン、レイアウトまでをしてくださった合同会社インセクツの掛川千秋さんと山﨑真理子さんと松村貴樹さん、美しい写真を撮ってくださったカメラマンの大塚杏子さん、レシピ作成や調理の協力までしてくださった森智恵子さん、素敵なイラストを描いてくださった森ひろ子さん、数々の著書発行のご経験から多くの助言をくださった雑貨店チャルカの久保よしみさん、レシピを提供してくださった料理人の皆様、その他のご協力者の皆様、本当にありがとうございました。また、最後になりましたがこの出版のきっかけを作っていただいたスタンダードブックストアの中川和彦さんに感謝を述べたいと思います。
　こんぶ土居の111年の営業の中で得られた最高の財産は、多くの素晴らしい方々との出会いであったように思います。この場をお借りして、深く御礼申し上げます。

平成26年8月
こんぶ土居　土居純一

こんぶ土居
542 - 0012
大阪府大阪市中央区谷町7丁目6番38号
☎06 - 6761 - 3914
営業時間：9:00～18:00
定休日：日曜･祝日(年始･夏季一週間)
http://www.konbudoi.info/

大阪・空堀 こんぶ土居

土居家のレシピと昆布の話

2014年9月15日 初版発行
2021年4月9日 第2刷発行

著者 土居純一 土居成吉 土居京子
編集 和久田善彦
撮影 大塚杏子（からもも）
取材 松村貴樹（インセクツ）
装丁・本文デザイン 掛川千秋・山﨑真理子（インセクツ）
イラスト 森ひろこ
レシピ作成・調理協力 森智恵子
撮影協力 スタジオ銅版所
協力 今村規宏 今吉正力 髙野祥二 髙野貴子 久保よしみ 中川和彦 中津裕彦 橋本卓児 藤田俊之 森田幸浩 山本由紀子（敬称略）

発行人 木本敬巳
発行・発売 ぴあ株式会社 関西支社
〒530-0004
大阪市北区堂島浜1-4-4 アクア堂島東館2F
☎06-6345-8900［代表］
☎06-6345-9088［関西販売］
☎06-6345-9044［編集］
ぴあ株式会社
〒150-0011
東京都渋谷区東1-2-20 渋谷ファーストタワー
☎03-5774-5200［大代表］

印刷・製本 凸版印刷株式会社

ISBN 978-4-8356-1899-9